공부열전

김용택 서재경 나효우 조정래 도정일 이순재
이수정 문국현 정성헌 김성수 강만길

공부 공원

인생 고수들이 들려주는
지혜의 말들

서울시평생교육진흥원이 기획하고
김영철이 만나 이야기 나누다

창비
교육

대전환의 시대,
삶의 지혜를 찾아서

두 해 전, 서울시평생교육진흥원의 웹진 『다들』에 연재된 우리 시대 스승들의 평생 공부 이야기를 단행본으로 묶어 낼 때, 솔직히 별다른 기대는 하지 않았습니다. 웹진에 실린 내용이 책 한 권 분량쯤 되니 출간 욕심을 내 보긴 했지만, 누가 남의 공부 이야기에 귀를 기울일까 하는 의구심 때문이었습니다. 그럼에도 '모든 이가 스승이고, 모든 곳이 학교다'라는 제목의 그 책이 사람들에게 읽히는 걸 보면서 '세상이 각박해도 '공부'에 대한 우리 시대 스승들의 가르침을 얻고자 하는 사람이 많구나.' 하는 생각을 했습니다.

최근 우리 사회에 '평생교육' 열풍이 불고 있습니다. 100세 시대가 다가오고 인생 2모작, 3모작이 현실이 되고 있는 데다 4차 산업 혁명이라는 대전환의 파도가 몰려오면서, 평생교육은 이제 '선택'이 아니라 '필수'가 됐습니다. 정해진 기간 동안, 이미 짜인 내용으로, 제도화된 틀 안에서 이루어지는 교육이 '학교교육'이라면, 평생교육은 평생에 걸쳐, 삶의 요구를 바탕으로, 일정한 형식에 구애받지 않은 채 하는 공부입니다. 평생교육 열풍은 삶의 패러다임이 바뀌는 새로운 세상이 열리면서 사람이 사는 데 필요한 지식과 이를 얻는 방식이 크게 달라지고 있음을 시사합니다. 우리 사회가 어느덧 학교에서 배우는 지식만으로는 생활이 불편해지는 정도가 아니라 생존이 불가능해지는 시대로 들어섰다는 사실을 방증하는 것이기도 합니다.

『모든 이가 스승이고, 모든 곳이 학교다』의 2편이 될 이번 책을 세상에 내보내는 이유도 다른 데 있지 않습니다. 지식의 의미와 공부의 방식이 근본적으로 달라지고 있는 이 대전환의 시기에, 여러 분야 스승들의 입을 통해 지식과 공부의 참다운 뜻을 되새겨 보자는 것입니다. 원로들과 전문가들이 평생을 살면서 몸과 마음으로 터득한 인생 공부의 지혜야말로 더없이 소중한 삶의 나침반이 될 수 있다는 생각에서 말입니다. 제목을 아예 '공부 열전: 인생 고수들이 들려주는 지혜의 말들'이라고 붙인 데에도 이런 판단이 깔려 있습니다. 귀 기울여 들을 만한 인생 고수들의 공부 이야기들이 한데 모여 있다는 은근한 자신감을 드러내고 싶기도 했습니다. 그런 만큼 이번 책에서는 1편보다 더욱 다양한 분야에 종사해 온 분들이, 한결 특색 있는 목소리로, 평생에 걸쳐 해 온 공부 이야기를 자기만의 방식으로 펼치고 있다고 자부합니다.

80대 중반에 청년 같은 열정으로 무대를 누비는 배우 이순재 선생. 완성이나 종결이 없는 연기는 끝이 없는 평생 배움과 닮아 있다는 그의 깨달음에 고개를 끄덕입니다. 80대 중반이 훌쩍 넘어서도 여전히 '분단시대 역사학'의 깃발을 부여잡고 통일 지향의 한국사 서술에 몰두하는 역사학자 강만길 선생. 그가 공부를 "죽을 때까지, 끝없이 진실에 다가가는 일"이라고 정의할 때, 대학자의 시퍼런 엄정성을 느꼈습니다.

2018년 신년 인터뷰 때 자택에서 흰 무명옷을 곱게 차려입고 인터뷰 팀을 맞은 소설가 조정래 선생. "평생학습은 인생의 고달픔과 죽음의 공포를 극복할 수 있게 하는 힘."이라는 그의 말에 전율을 느꼈다면 너무 나간 표현일까요? 구순 가까이에 글자를 깨우친 김용택 시인의 어머님이 공부를 "'사람이 그러면 못써!' 딱 이걸 알아 가는 일."이라고 단정하는 모습에서 옹골찬 삶의 지혜를 엿봅니다.

새마을운동의 3대 정신인 '근면·자조·협동'을 '생명·평화·공경'으로 바꾸는 '위업'을 이룬 새마을운동중앙회 정성헌 회장. 그가 우리 사회 진보·보수 전체를 향해 "이념이 밥 먹여 주냐? 실용이 밥 먹여 준다!"라고 일갈할 때, 막힌 곳이 확 뚫리는 느낌이었습니다. 나무를 키우듯이 젊은이를 키우는 '아름다운서당' 서재경 이사장과, '가장 멋진 학습으로서의 여행'을 실천, 전파하고 있는 ㈜착한여행의 나효우 대표. 두 분 역시 고정 관념을 깨는 전혀 다른 시각으로 새로운 시대, 평생 공부의 전범을 보여 주었습니다.

'1세대 프로파일러'로 통하는 이수정 교수는 '범죄심리학'이라는 낯선 분야의 개척자답게 "공부에서 실천으로, 다시 실천에서 공부로."라는 말로 실천의 엄중함을 거듭 강조했습니다. '무역 입국'을 '사람 입국'으로 바꿔야 한다는 신념으로 유한킴벌리를 이끌었던 문국현 한솔섬유 대표는 기업이 경쟁력을 갖추는 데 핵심이 되는 것이 평생학습이라고 단언합니다.

우리 사회를 지배하고 있는 '시장 전체주의'에 빈손으로 맞서 싸우는 '도저한 인문주의자' 도정일 선생. 그가 "교양교육이 교육의 본질."이라며 대한민국 교육을 높은 목소리로 질타할 때, 스승의 존재가 얼마나 큰 위안이 되는지 실감합니다. 이 책에 등장하는 최고령 멘토이자 발달 장애인들의 자활 공동체 마을을 꾸려 '촌장'을 자부하고 있는 아흔 살의 김성수 전 대한성공회 대주교. "한 가정이 울면 온 세상이 운다."라고 말하는 그와 헤어져 돌아오는 길에 가슴 저 밑바닥에서 솟아 올랐던 문장 하나가 있습니다.
"저런 일을 하시는 분들이 있어, 세상이 살 만한 것이구나."

이 책이 나오기까지 여러 사람이 힘을 보탰습니다. 서울시평생교육진흥원 황미연 팀장과 전아림 주임은 든든한 뒷배 구실을 다했습니다. 인터뷰 원고 초벌 정리를 맡은 이유정 기자의 성실함이 이 책의 바탕이 됐습니다. 이근원 작가의 사진은 인터뷰에 생기를 더했습니다. 그리고 무엇보다 김지현 주임의 수고로움이 컸습니다. 모두에게 감사 인사를 전합니다.

2019년 5월
서울시평생교육진흥원 원장 김영철

차
례

엮은이의 말   대전환의 시대, 삶의 지혜를 찾아서   5

김용택   공부, 사람이 되어 가는 길   12

서재경   미래를 위해 청년을 가꾸다   32

나효우   함께 걷는 학교, 여행   52

조정래   공부, 인생의 고달픔과 죽음을 극복하는 힘   70

도정일   인류 문명의 위기가 다시 불러온 인문·교양교육   90

이순재 완성과 종결 없는 예술, 그리고 평생 배움　　　　　　108

이수정 공부를 넘어 실천으로　　　　　　126

문국현 평생학습은 생명력과 발전의 원천입니다　　　　　　150

정성헌 생명의 길, 평화의 길을 꿈꾸며　　　　　　168

김성수 버려진 사람 하나를 구원하라는 뜻을 품고　　　　　　192

강만길 공부, 끝없이 진실에 다가가는 일　　　　　　218

공부,
사람이 되어 가는 길

김용택

김용택 ● 시인

1948년 전라북도 임실의 진메마을에서 태어났다. 1969년 순창농림고등학교를 졸업하고,
이듬해에 청웅초등학교 옥석분교에 교사로 부임했다. 그 이후 38년 동안 자기가 나고 자
란 고향에서 교편을 잡다가 2008년에 정년퇴직했다.

1982년 창작과비평사의 21인 신작 시집 『꺼지지 않는 횃불로』에 「섬진강 1」 등을 발표하
며 작품 활동을 시작했다. 이후 시집 『섬진강』, 『맑은 날』, 『꽃산 가는 길』, 『강 같은 세월』,
『그 여자네 집』, 『그리운 꽃편지』, 『나무』, 『그대, 거침없는 사랑』, 『키스를 원하지 않는 입
술』, 『울고 들어온 너에게』, 산문집 『섬진강 이야기』(전 8권), 『심심한 날의 오후 다섯 시』,
『김용택의 어머니』, 동시집 『콩, 너는 죽었다』, 『너 내가 그럴 줄 알았어』, 『할머니의 힘』 등
다양한 책을 출간했다. 김수영문학상, 소월시문학상, 윤동주 문학대상 등을 받았다.

전북 임실군 덕치면 장암2길 16. 마루에 걸터앉으면 맞은편 산자락 아래로 섬진강 푸른 물줄기가 바라다보이는 이 깊은 시골 동네와 집이 '섬진강 시인'으로 유명한 김용택 시인이 태어나서 자라고, 지금도 살고 있는 곳이다.

　신록이 우렁차게 푸른 줄기를 내뿜기 시작하던 2017년 5월 17일 오후, 기승을 부리던 미세 먼지가 걷히고 맑은 한낮의 햇살이 산과 들을 푸른빛으로 채색하고 있었다. 김 시인은 마침 이웃 마을 석장승 복원식에 다녀오는 길이었다.

"단조롭지만 단단하게 깎아 세운 장승인데 잘생겼어요. 근데 어느 날 자고 일어나니까 없어졌다는 거야. 무겁고 큰 돌이라 포클레인으로 파지 않으면 옮길 수 없으니까, 동네 사람이 안 끼면 안 되는 일입니다. 다행히 그 석장승을 찍어 놓은 사진이 있어서 어떤 작가가 그걸 복원해서 다시 세웠지요. 그 복원식이 열려서

김용택

지금 이웃 마을 다녀오는 길이에요."

   사실, 강연으로 집을 비우는 날이 많은 김용택 시인을 생가(!)에서 만나는 호사를 누릴 수 있었던 것도 그 석장승 복원식 덕분이다. 이곳을 알리는 예전 표지판에는 '김용택 시인 생가'라고 적혀 있어 외지에서 온 사람들이 자신을 보고 지나가면서도 "김용택이 살았나, 죽었나?" 하고 묻더란다. 그래서 안내 문안을 바꿔 달라고 군에 민원을 넣었고, 그 뒤 '김용택 시인의 집'으로 고쳐졌다.
   청바지에 빛바랜 갈색 빈티지 티셔츠를 받쳐 입은 김 시인은 활짝 웃으며 인터뷰 팀을 생가 뒤편의 새로 지은 살림집으로 안내했다.

말년에도 삶을 가꾸는
어머니에게서 엿본 평생교육

어머님이 문해교육으로 글을 깨치셨다는 말을 들었습니다.

어머니가 1928년생인데, 3년 전쯤 병원에서 글을 깨치셨어요. 병원
에 누워 계실 때 아내가 병간호를 하면서 심심하니까 어머니한테 당
신이 살아오신 얘기를 해 달라고 했어요. 그런데 어머니가 2시간 동

김용택 시인이 태어나 오랫동안 살아온 집(왼쪽)과, 지난해 여태명 서예가가 써 준 '회문재'라는 현
판이 내걸린 시인의 오래된 서재. 시인의 생가가 회문산 자락에 자리하고 있는 데다, 늘 글이 돌아
오라는 뜻에서 회문재라고 이름을 지었다.

안 끊임없이 이야기를 하신 거라. 그래서 그걸 녹음했어요. 나중에 들어 보니 모든 얘기가 시(詩)고, 역사예요. 안양 방직 공장으로 징용을 당한 얘기부터 당신이 살아온 얘기를 전부 하는데, 너무 길게 하시는 거지. (웃음)

그래서 내가 숙제를 내 드렸어요. "다음에는, 살아오면서 좋았던 때를 생각해 보세요."라고. 어머니가 다음에 갔을 때 얘기를 해 주시더라고요. 근데 그게 또 너무 긴 거라. 그래서 가장 좋았던 때가 언제인가 물었더니 용택이가 선생 됐을 때가 제일 좋다고 해요. 그 문장이 너무 좋잖아요? 아내가 그걸 매직으로 받아쓰셨어요. "나는 용택이가 선생 된 때가 제일 좋았다."라고. 그러고 어머니한테 그걸 베껴 쓰라고 했어요. 어머니가 남의 말을 잘 듣는 분이에요. 그래서 그 문장을 30분에 걸쳐 베껴 썼어요. 그때부터 아내하고 어머니 둘이 글을 가르치고 베끼고, 그렇게 어머니가 글을 배웠어요. 금방금방 늘어요.

어머님의 심성 저 밑바닥에 섬세한 시인 기질이 있었던 거 아닐까요?

그런가 봅니다. 하루는 아내가 시장을 지나다가 비단 쪼가리가 쌓여 있기에 그걸 사 왔어요. 그거하고 바늘이랑 색실을 어머니께 드렸지요. 그랬더니 어머니가 병원에서 조각보를 너무나 예쁘게 만든 거예요. 수도 놓고요. 그걸로 찻잔 받침, 베갯잇, 삼베 이불도 만들고, 요즘은 가방도 만드세요. 간호사들한테도 주고. 이쁜 놈은 우리 주고. (웃음)

어머니는 누워서 글도 배우고, 말년에 자기 삶을 가꾸신 거죠. 저는 이게 바로 평생교육이 아닌가 싶어요.

이제는 나라가 나서서 효도해야 하는 시대가 되었잖아요? 수명이 너무 길어지니까 개인이 감당하기에는 벅찹니다. 나라에서 노인을 경제적으로 지원하고 보호하는 것도 중요하지만, 노인들이 할 수 있는 일을 찾아 주는 것이 필요해요.

이런 경험을 정리해서 『나는 참 늦복 터졌다』라는 책도 출간했어요. 복지부나 공무원들이 구체적이고 실질적인 복지 정책의 자료로 이 책을 참고하면 좋겠다는 생각에서.

맞습니다. 그게 바로 평생교육이지요. 요즘 평생교육 가운데 각광받는 강좌가 노인들을 대상으로 한 자서전 쓰기인데, 수강생들도 크게 보람을 느끼는 진짜배기 교육입니다.

서재에 놓인 김용택 시인의 어머니 박덕성 여사의 사진

자연의 품에서, 사람들 속에서
언제나 조화롭게

우리는 시인의 새로 지은 현대식 서재로 자리를 옮겨 인터뷰를 이어 갔다. 시인이 나고 자란 오래된 기와집 뒤편으로 붉은 벽돌로 지은 현대식 살림집과 서재가 뒷마당을 사이에 두고 나지막이 숨어 있다. 두 건물을 이어 주는 뒷마당에는 잔디가 깔려 있고 예쁜 연못도 있다. 비가 오면 넘치는 물을 잡느라 만든 연못에는 올챙이, 가재, 어쩔 땐 뱀도 온다고 한다. 이팝나무와 붓꽃, 구절초가 흐드러지게 핀 꽃밭 너머 섬진강 가에는 김 시인이 수십 년 전 직접 심은 느티나무가 빽빽한 가지를 머리에 이고 늠름하게 버티고 섰다.

김 시인은 자신이 나고 자란 고향 근처에서 초등학교 교사 생활을 하다 정년퇴직한 후 8년간 전주의 아파트에서 살았다. 그러다 생가 주변에 살림집과 서재를 짓고 지난 2016년 4월 이곳으로 이사했다고 한다. 건축 회사에 설계를 의뢰했다가 마음에 들지 않아 부인이 다시 설계했다는 이 집의 콘셉트는 이렇다. '생가인 옛 기와집이 주인이자 공간의 중심인 까닭에 새로 짓는 살림집과 서재는 주변 건물로 작아 보일 것', '마을의 집들에게 위화감을 주지 않고 정면이 작아 보일 것', '주변 환경과 이질적으로 튀지 않고 자연스럽게 스며들어 조화를 이룰 것'.

그래서 벽돌 색도 주변 환경과 소박하게 어울리는 색깔로 정했고, 집을 지을 때 나온 돌을 버리지 않고 돌담을 쌓았다. 마을 주위에 예쁜 나무가 많아서 마당에 나무는 따로 심지 않았다고 한다. 살림집이든 서재든 어느 창에서나 섬진강과 김 시인이 직접 심은 느티나무가 보이도록 설계된 이 집은, 그러므로 김용택의 자부심 그 자체다. 집에는 한 사람이 살아온 삶과 살아갈 삶이 담겨 있다고 그는 말한다.

하루 이틀은 모르지만 1년 넘게 살면 시골이라는 공간이 주는 유무형의 심리적 압박이 있다고 들었습니다. 고향이니까 그 압박을 극복하신 건가요?

이 작은 마을에서 나고 자란 오랜 세월이 그런 압박을 극복하게 했습니다. 그래서 소쩍새 우는 소리 때문에 잠을 못 이룬다든가, 달빛이 아름다워 뒤척인다든가 하는 일은 오래 전에 사라졌지요. 오래 살면 자연은 자연일 뿐 사람을 압박하는 존재가 더는 아니게 됩니다.

그런데 그런 나도 8년 동안 전주에서 생활하다 왔더니 겨울에 하루 종일 사람을 못 보거나 인기척이 없을 때, 그럴 땐 적막감과 고적함이 약간의 압박이 되더군요. 그래서 도시 생활이 힘들어 시골에서 살고 싶다고 하는 사람들은 제가 말립니다. 그냥 거기 살아라, 지금 살고 있는 곳에서의 삶이 행복하고 좋아야 시골에 가서도 즐겁지, 지금 사는 곳에서 힘들면 어딜 가든 거기에도 다 인간이 있어 이런저런 일로 또 힘들다, 어디서 사느냐가 중요한 게 아니다, 신선끼리 사는 것도 아니고, 어디에나 삶의 고통과 절망이 있다, 시골에서 산다고 모든 것이 해결되지 않으니 그냥 살던 데 살아라, 이렇게 말합니다.

도회지 나들이는 더러 하십니까?

한 달에 스무 번 정도 강연이 있습니다.

자주 나가시네요. 저희가 운이 좋았습니다. 강연 의뢰가 오면 거절하지 않고 다 가시는 편입니까?

일단 강연료가 맞아야지요. 하하하. 왜냐면 여기가 너무 멀어요. 한 번 나가려면 전주까지 아내가 자동차로 태워 주고, 거기서 고속버스를 타고 가야 돼요. 올 때도 마찬가지고. 저녁 강연이 끝나면 막차를 타고 와야 합니다.

제가 전국에 안 간 데가 없습니다. 초등학생부터 할머니까지 어떤 층을 대상으로 해도 죄다 강연을 할 수 있는 거의 유일한 사람일 저일 겁니다. 초·중·고뿐 아니라 시청, 구청, 교육청, 기업체, 연구 단지, 대기업 등 다양한 곳의 사람들 앞에서 강연했습니다.

강연 내용은 큰 틀에서 같지만 이야기하는 건 그때그때 다르죠. 제 강연 중 가장 재밌는 건 공부 안 한 할머니들 앞에서 하는 강연입니다. 서울 송파구 같은 데 사는 우아한 할머니들 말고. (웃음) 할머니들하고는 정말 재미나게 놀 수 있어요.

자부심이라면, 제가 강연할 때 잠자는 사람을 본 적 없는 것 같아요. 지식을 전달하는 게 아니라 삶을 이야기하거든요. 물론 지식도 필요하지만 삶의 방법을 다시 생각해 보게 하는 것이 중요하다고 생각합니다.

공동체와 자연 안에서
사람이 되어 가는 길

강연에서 잘 들려주는 단골 일화 한 토막 들려주시지요.

강연 내용은 어머니한테서 배운 것들이 많아요. 제가 고등학생 때까지는 교과서 외에 다른 책을 읽은 적이 별로 없어요. 그러다가 스물두 살 때부터 책을 읽기 시작했지요. 그런데 책을 읽다 보니까 자꾸 어머니 생각이 나는 거예요. 어머니는 글자도 모르고, 그래서 책도 못 읽고, 물론 학교도 안 다녔는데, 이 마을에서 사는 데 아무 지장이 없었습니다. 어머니나 마을 이웃분들의 삶은 같이 먹고, 같이 일하고, 같이 노는 겁니다. 공동체의 삶인 거지요. 이 마을이 오래 공동체로 이어질 수 있었던 것은 세 가지, 그러니까 도둑질 안 하고, 거짓말 안 하고, 서로한테 막말을 하지 않았기 때문입니다. 이 여섯 가지, 즉 같이 먹고, 같이 일하고, 같이 놀고, 도둑질 안 하고, 거짓말 안 하고, 막말 안 하는 것, 이게 공동체를 수천 년간 지속시켜 온 근본이 되었던 겁니다.

어머니는 사는 게 공부였습니다. 삶 자체가 공부인 것이지요. 그게 평생교육이잖아요? 살면서 터득하고 배운 걸 써먹는단 말이에요. 근데 우리는 학교에서 배우는 걸 딱 한 군데에만 써먹어요. 시험 볼 때만. (웃음)

어머니나 마을 사람들은 자연이 무슨 일을 하는지 잘 압니다. 자연이 하는 말을 잘 알아듣고, 생태와 순환의 연결 고리들을 잘 파악하고 있어요. 어머니가 옛날에 "비 낯 든다." 하고는 장독 뚜껑을 덮고 일하러 가셨어요. 비가 얼굴을 들었다는 거지요. 놀라운 표현이잖아요? 비 얼굴을 미리 본 겁니다. 이렇게 자연이 하는 말을 잘 알아듣고 자연이 시키는 일을 잘해요.

그리고 삶이 예술이었어요. 따로 예술 활동을 하지 않아, 이분들은. 고추 농사를 짓고 벼농사를 짓는 게 예술이에요. 무엇이 예쁜지, 무엇이 아름다운지, 무엇이 어울리는지를 죄다 알고 있어요.

어머니가 늘 나한테 하시는 말이 "사람이 그러면 못써." 이런 말이었어요. 여기 이 서재에 있는 책들을 다 읽고 한 줄로 줄여라 하면 "사람이 그러면 안 돼." 이거 아닙니까? 공부란 사람이 되어 가는 길이라는 걸 이미 알고 있었던 겁니다.

또 "싸워야 큰다."라는 말도 하세요. 싸우면 모순이 드러나니까, 그것을 고치고 바꾸고 맞추고 정리해서 새로운 세계로 가자는 거지요. 또 늘 "남의 일 같지 않다."라고 하셨어요. 마을에서 벌어지는 크고 작은 일들이 다 나와 깊은 관계를 맺고 있다는 말이지요. 관계의 관리를 중요하게 생각한 겁니다. 그런 마을 사람들의 삶을 배웠지요. 배웠으니 써먹는 겁니다.

저 앞에 있는 느티나무가 내 나무거든요. 내가 심은 나무. 나무들은 정면이 없어요. 우리는 늘 정면만을 중요하게 생각하며 살잖아요? 남과 북으로 갈라진 역사 속에서 살면서 늘 하나의 답만을 강요당하며 살았지요. 보수와 진보가 극단적으로 갈라지고 경상도와 전라도로 갈라진 것도 어떻게 보면 어렸을 때부터 한쪽만을 바라봐야 하는 일상을 강요받으며 살았기 때문이에요. 그런데 나무는 바라보는 쪽이 정면이거든요. 어디서 봐도 다 정면이에요. 답이 하나인 세상은 없습니다. 학교에서는 또 얼마나 하나의 답을 선택하도록 강요합니까.

나무는 경계가 없어요. 이건 받아들이고 저건 안 받아들이는 게 아니에요. 자기에게 오는 것들은 다 받아들이거든요. 그래서 자기를 완성해요. 나무는 언제 봐도 완성되어 있어요. 그래서 마음이 편안해요. 그런데도 볼 때마다 달라지거든요. 아침에 볼 때, 저녁에 볼 때, 비 올 때, 햇빛 날 때 다 다릅니다. 그건 자기에게 오는 것을 다 받아들여서 새로운 세계를 창조하기 때문이에요. 경계가 없고, 정면이 없고, 다 받아들이는데도 느티나무는 평생 느티나무로 살거든요. 모든 것을 다 받아들여도 안 변해요. 자신의 정체성을 굳건히 지키며 자기를 귀하게 가꾸어 갑니다.

여전히 시인으로, 섬진강 시인으로

아…… 그런 것들을 강연에서 말씀하시는군요. 참 좋은 말씀입니다. 하루 일과는 어떻습니까?

제가 저녁 8시 30분에 자요. JTBC 손석희 뉴스를 봐야 되는데 끝까지 못 보고 잠듭니다. 그렇다 보니 '팩트 체크'를 한 번도 못 봤어. (웃음) 중요한 뉴스는 아침에 다시 보지요. 새벽 3시 반에 일어나요. 그때 일어나서 마당에 나오면 별이 떠 있고 달도 떠 있어요. 마당에 서서 별도 보고, 달빛도 쬐고, 4시쯤 인터넷에 들어갑니다. 제일 먼저 어제 있었던 세계 축구 경기 명장면을 봐요. 그리고 신문을 보기 시작하지요. 중요한 기사, 사설, 칼럼을 보고, 인터뷰 기사도 좋아해요. 그리고 각 신문에 실린 시를 찾아서 봐요. 요즘 어떤 신문에 김사인 시인이 멋진 시를 찾아서 연재하는데, 꼭 찾아 읽고 그걸 제가 좋아하는 사람에게 메일로 보내요. 아들이나 딸한테도 보내곤 하지요.

어느 날 우리 딸한테 답이 왔더라고. "아빠, 이제 김수영의 「봄밤」 좀 그만 보내세요. 벌써 스물여덟 번째 보냈거든요." 하하하.

그렇게 신문을 보고 나서 어제 있었던 일들을 되살려 일기를 씁니다. 그리고 내가 써 놓은 내 시들을 읽습니다. 그리고 나면 5시쯤 새가 울기 시작합니다. 카메라를 들고 산책을 나가요. 느티나무 사진도 찍고, 꽃도 보고, 바람이 불고 새가 나는 걸 휴대폰으로 녹화하기도 하고요. 새들이 연애하는 걸 가만히 보고 있으면 그렇게 재밌을 수가 없어요. 그러면 7시 좀 넘고, 아내가 7시 반쯤 일어나면 밥을 먹고 강연하러 가지요.

본업이 시인이신데, 지금도 창작을 하십니까?

작년 4월 23일에 이곳으로 이사 왔는데, 이사 온 날부터 지금까지 날마다 일기를 썼어요. 어제 일기를 오늘 아침에 썼어요. 원고가 3천500매 정도 나오더라고. 출판사에서 그 원고를 가져갔어요. 어떻게 책을 만들까 궁리 중이지요.

작년 9월에 『울고 들어온 너에게』라는 시집을 냈는데, 그 연속선상의 글이 써져서 시집 한 권 분량의 글을 가지고 있어요. 아내가 그건 좀 묵혔다가 내년쯤 내자, 이제 나이가 들었으니 시집을 많이 내는 것보다 진짜 시집을 내자, 그러더라고요. 그러려고요.

어린이용 책도 많이 쓰셨더라고요.

예, 『콩, 너는 죽었다』가 동시집 중에서 가장 많이 팔렸어요. 나온 지 20년이 됐는데, 1년에 만 부 정도 나가요. 지금도 꾸준히 나가고. 지금까지 20만 부 넘게 팔렸지요. 그 동시집이 우리 동시의 판도를 바꿔 놓았다고들 합니다. 그 시집이 나오기 전까지 예쁘기만 한 동시만 나오다가 비로소 아이들의 삶이 담긴 동시가 나왔다고 평하기도 합니다.

제가 초등학교 2학년만 26년을 가르쳤어요. 제가 졸업한 덕치초등학교에서 아이들을 가르치는데, 공립학교 교사는 5년에 한 번씩 인사이동을 하잖아요. 저는 계속 덕치초등학교에 있고 싶어서, 5년 동안 덕치초등학교에 있다가 1년간 근처의 다른 데 갔다가, 다시 덕치 와서 5년 있다가 또 다른 데 1년 갔다 오고 하는 식으로 31년간 덕치초등학교에 재직했어요. 그중에서 특히 2학년을 계속 가르쳤는데, 어느 해에 애들더러 "시를 써 봐라." 하고는 나도 가만히 있기 심심해서 같이 시를 썼어요. 그렇게 20일 만에 동시집 한 권 분량의 시가 모였고, 그걸 실천문학사에서 가져가서 『콩, 너는 죽었다』가 나온 겁니다. 이때부터 유명 시인들이 동시를 쓰기 시작했지요.

서재 앞쪽으로 큰 창을 냈다. 블라인드를 활용해 마치 액자처럼 창밖 풍경을 담았다. 구절초 꽃밭 너머로 섬진강이 보인다.

김용택이라 하면 '섬진강 시인'으로 유명한데, 바로 건너 보이는 저 물줄기가 섬진강 상류지요? 근데 생각보다는 좀 작네요, 강이.

하하, 그렇죠. 강이 아니라 도랑이죠. 화가 임옥상 씨가 우리 집 왔을 때 저기 서서 "근데 형, 섬진강은 어딨어?" 하더라고요. 네가 보는 그게 섬진강이다 했더니 "이게 무슨 강이여? 섬진 도랑이지." 하더라고요. 강 자체가 짧아요. 진안에서 발원해서 임실, 순창, 남원, 곡성, 구례까지 600리 정도 된다고 합니다. 근데 사람과 아주 가까이 있는 강이지요. 사람들이 몸을 담그고 사는, 사람과 친한 강입니다.

저 강이 1년에 세 번 정도 큰 비가 와서 뒤집어져요. 제가 심어 놓은 느티나무에 물이 찰 때까지 비가 와야 돼요. 그렇게 일 년에 몇 번씩 뒤집어져야 생태계가 순환되는데, 최근 3년 정도 큰 비가 안 내렸어요. 그래서 강이 썩어 가요. 오염원도 많고요. 요즘 마을마다 하수 종말 처리장을 짓고 있는데, 그게 만들어지면 좀 나을 거예요. 전에는 은어가 있는 강이었는데…….

"바라는 것이 없고 희망이 없으니 편해요"

이름도 날리고, 돈도 좀 벌고, 집도 새로 짓고, 이제 뭘 하고 싶으십니까?

저는 살아오면서 뭘 하고 싶은 게 별로 없었습니다. 선생을 일찍 시작했잖아요. 그렇기 때문에 여기서만 살면 됐어요. 그냥 산 겁니다. 책 마음대로 사서 읽고, 쓰고 싶은 글 쓰고, 놀고 싶을 때 놀고, 아무튼 별로 되고 싶은 것이 없었어요. 시인이 되고 싶다고 생각한 적도 없고요. 시인이 되리라고 생각한 적도 물론 없고요.

책을 읽다 보니까 생각이 많아져서 그걸 글로 썼고, 시간이 가다 보니 내 글을 다른 사람들이 이해하고, 그렇게 해서 시인이 됐지요. 하지만 시인이 되었다고 해서 내 삶이 바뀐 것도 아니었습니다.

지금도 뭐가 되고 싶은 게 없어요. 희망이 없어 편해요. 희망이 어쩌고 하면 불안해. 뭔가 이뤄야 되잖아요. 이루려면 얼마나 힘들겠어? 바라는 게 없으니까 편하지. 살다 보면 별일들이 있지만 그런 별일들도 다 지나가지요. 늘 지금이 좋다, 생각하며 삽니다.

김용택

마침 김 시인을 보러 외지에서 손님들이 찾아왔다. 인터뷰를 마무리하고 가져온 시집에 사인을 받았다. 최근 드라마「도깨비」 덕분에 베스트셀러가 된 시선집『어쩌면 별들이 너의 슬픔을 가져갈지도 몰라』에 사인을 해 주며 시인은 "이 시집 덕분에 도깨비가 실제로 존재하고 있다는 사실을 실감했다."라면서 웃음을 터뜨렸다.

손님들이 떠나고 마당으로 나오자 이번에는 서울에서부터 자전거를 타고 섬진강까지 내려온 하이킹족들이 김 시인의 생가를 찾았다. 시인은 스스럼없이 그들과 어울리고 함께 사진도 찍어 주었다.

꾸밈없음, 자연스러움, 뭔가 이루려 하지 않음, 그러나 경계가 없고 정면이 없고 매일 바뀌지만 한 번도 나무 아닌 적이 없는 느티나무처럼, 시인은 여전히 그 집에서 그렇게 시인으로 살고 있었다. 최근 출간된 시집『울고 들어온 너에게』에서 시인이 울고 들어온 너에게 해 주는 것은 이렇다.

"따뜻한 아랫목에 앉아 엉덩이 밑으로 두 손 넣고 엉덩이를 들었다 놨다 되작거리다 보면 손도 마음도 따뜻해진다. 그러면 나는 꽝꽝 언 들을 헤매다 들어온 네 얼굴을 두 손으로 감싼다."(「울고 들어온 너에게」 전문)

우리는 안다. 밖을 헤매다 들어온 볼에 닿는 덥힌 손바닥이 얼마나 따뜻한지, 얼마나 위로가 되는지.

날마다 꽃보고
사람들 꽃이게
한다.

2017. 5. 17.
김용택

서재경

미래를 위해
청년을 가꾸다

서재경 ● 남도학숙 원장, 아름다운서당 이사장

1947년 전라남도 목포에서 태어났다. 1966년 광주제일고등학교를 졸업한 후 한국외국어
대학교에 입학, 1974년 졸업했다. 졸업을 앞둔 1973년 10월 한국일보사 서울경제신문에
기자로 입사했다.

4년여간의 기자 생활을 끝낸 후 대우그룹에 특채로 입사했다. 이후 22년 동안 대우그룹
의 기획문화부장, 회장 비서실 상무, 중남미본부장 등을 지냈다. 1998년 김우중 전 대우
회장의 보좌 역으로 전경련에서 근무했다.

시대가 원하는 청년을 길러 내기 위한 프로그램을 기획해 이를 2004년 여름 목포대학교
에 제안했다. 이것이 '아름다운서당'의 시초가 되었다. 이듬해 아름다운서당(당시 '취업 능력
향상 아카데미')을 설립했고, 이사장직을 맡고 있다. 2012년부터 2년 동안 서울신용보증재
단 이사장을 지냈고, 2016년부터 제10대 남도학숙 원장으로 활동하고 있다.

1999년에 미국의 'Marquis Who's Who in the world' 세계인명록, 같은 해 영국의 케임브
리지 국제인명센터(IBC, International Biographical Centre) 20세기 인명록에 등재됐으며, 2001년
에는 IBC의 '20세기의 탁월한 인물'에 선정됐다.

1994년 문을 연 남도학숙은 광주·전라남도 출신 서울·경기 유학생들의 기숙사로, 2017년 현재 대학(원)생 850명이 생활하고 있다. 이곳에 2016년 5월 취임한 서재경 원장은 13년째 '아름다운서당'이라는 대학생 리더 양성 아카데미 또한 운영하고 있는데, 둘 다 인재 양성의 요람이라는 공통점이 있다. 『한국일보』 기자, 22년간의 대우 임직원 생활을 거쳐 지금은 후학 양성에 힘쓰고 있는 서재경 원장. 인터뷰 팀은 2017년 6월 20일 오전, 대방동에 자리한 남도학숙에서 그를 만나 대학생 교육, 인재 양성 방법론, 청년 문제 등에 관한 이야기를 들었다.

인터뷰가 진행된 회의실에는 1대부터 9대까지 남도학숙 역대 원장들의 사진이 벽에 걸려 있었다. 서 원장은 가끔 회의를 하기 위해 그 자리에 앉으면 그 사진들을 보게 된다면서, 임기가 끝난 뒤 저 사진들 옆에 자신의 사진이 붙을 텐데 그때 사람들이 자신을 어떻게 평가할까 생각하면 오싹해질 때가 있다고 했다. 그는 역대 원장 중에서 특히 1대 김준 원장을 높이 평가했다.

"초대 김준 원장님은 새마을운동으로 유명하신 분입니다. 이분은 박정희 전 대통령과는 상관없는 사람으로, 원래 농민 운동을 하셨던 분이에요. 그분의 조그만 운동이 성과를 내니까 박정희가 올라탄 것이지요. 김 원장님이 농민 잘살기 운동을 시작했는데, 농협대학에서 그걸 보고 농협대학 부설로 과정을 개설했어요. 거기서 교육으로 농민 지도자를 육성하는 일을 하시다가 그게 박정희 눈에 띈 거예요. 여기에 관청의 힘이 개입해 새마을중앙회가 만들어진 겁니다. 그러다 전두환 시대에 권력이 뒤를 밀고 주무르자 새마을운동의 원래 정신이 훼손됐고, 김 원장님은 손 털고 나왔습니다. 새마을운동이 거기서 대가 끊겼지요. 그 후에 박근혜가 관 주도로 그걸 살려 보겠다, 세계화한다 했지만 성공하지 못했습니다. 이미 정신이 죽은 운동은 뭘 갖다 대도 살아나지 못하지요.

김 원장님은 남도학숙 원장으로 있을 때 여기서 기숙하며 학생들과 함께 체육도 하고 식사도 하고, 함께 호흡했습니다. 8년 전 타계하셨는데, 남도학숙의 전설이시지요."

세상이 환영하는
인재상을 그리다

아름다운서당을 2005년에 시작하셨지요? 아름다운재단과 이름도, 출범 시기도 비슷한데, 혹시 두 곳이 관련이 있습니까?

아닙니다. 아무 상관 없어요. 완전히 우연이지요.

아름다운서당에 대한 이야기를 듣고 어떻게 그런 구상을 하셨을까 놀랐습니다. 일선에서 물러난 각계의 전문가들이 무보수로 대학생들을 가르친다……. 어떻게 그런 발상을 하셨는지요?

아름다운서당이 이제 13년 차에 접어들었는데요, 많은 분들이 어떻게 그런 발상을 했냐고 묻습니다. 하지만 처음에는 거창한 생각으로 시작했던 게 아닙니다.

제가 2000년에 한국외국어대에서 초빙교수로 경영학 원론을 강의했습니다. 3년간 했는데 첫해에는 일반 강의실에서 시작했다가 2년 차부턴 강당으로 옮겨 갔어요. 학생들이 많아서지요. 처음엔 제 강의가 인기가 있어서 그런가 착각했습니다. 알고 보니 2000년부터 벌써 취직이 무서워지기 시작하고, 취직하려면 자기소개서에 뭔가를 써야 하는데, 그중 하나로 경영학 수업을 이수했다는 스펙이 필요했던 겁니다. 그런데 경영학부 교수들은 자기 학부 학생들의 수강 신청만 받아들였고, 저는 외부에서 온 교수라 모든 학생을 다 받았던 거지요. 특수 어학 전공자, 다른 학부의 학생들이 수강 신청하면서 "신청을 하면 받아 주십니까?" 하고 물어요. 저는 그런 속사정을 모르고 왜 당연한 걸 묻나 했어요. 그때 제가 눈을 떴습니다. 앞으로 취업 문제가 심각해지겠구나……

제가 대우에서 22년간 근무했는데 그중 절반을 임원으로 일했습니다. 초임 임원 때부터 면접에 들어가고, 신입 사원 연수 교육에도 참여하고, 그 교육 기획에도 참여했지요. 기업이 원하는, 세상이 원하는 청년상이 있거든요. 그 상에만 맞추면 취업이 어렵지가 않아요. 그것은 지금도 마찬가지입니다. 문제는 대학이나 가정에서 길러 낸 청년들이 사회가 원하는 인재상과 들어맞지 않는다는 데 있지요. 그게 청년 문제의 핵심입니다.

저는 쉽게 생각했어요. 저는 기업의 인재상을 잘 아는 사람이고, 그런 사람을 뽑으려고 애를 썼던 사람이니까 그걸 아이들에게 가르쳐서 심어 주면 될 것 같은데, 대학에서 1년에 2~4학점짜리 과목으로는 그것이 배양되고 싹이 트고 자랄 것 같지가 않았습니다. '학교에서의 대량 생산으로는 좋은 사람을 만들기가 어렵겠으니 다르게 실험해 볼까?' 그런 생각을 하면서 지금의 아름다운서당 프로그램을 대략적으로 디자인했습니다.

프로그램의 기본 콘셉트가 어떤 겁니까?

세상이 환영하는 인재상을 먼저 그렸어요. 성품(Character)이 바르고, 문제를 맡기면 스마트하게 처리하는 역량(Competence)이 있고, 그러면서도 자신만의 소명 의식(Commitment)을 갖춘 청년이라고 가설을 세운 거죠. 그 머리글자를 따서 '3C형 인재'라고 이름 붙였습니다. 나중에 알게 된 사실이지만 한국계 최초의 백악관 차관보 강용호 박사가 쓴 책에 3C 인간형이 소개되어 있더라고요. '비슷한 시기에 어떻게 이렇게 비슷한 생각을 했지.' 싶었습니다.

  그러면 뭘 가르치면 이 3C가 자라날까 생각해 봤는데, 교육계에서 성품을 가르친다거나 소명 의식을 가르친다는 말을 들어 본 적이 없잖아요? 곰곰이 생각해 보니 혹시 고전 명작을 읽히면 성품이 좋아지

서재경

지 않을까 싶었어요.

　제가 대우 다닐 때, 30대 초반에 설악산 쪽에서 1년간 산 적이 있어요. 호텔에서 관리부장으로 일하는데, 손님도 없고 할 일도 별로 없고, 시간이 많이 남았어요. 시간 때우려고 동양 고전을 구해서 읽기 시작했어요. 『노자』, 『장자』 같은 책들. 읽다 보니 재미가 붙어서 '자' 자 붙은 다른 책도 더 찾아 읽게 되고, 그러면서 이전까지 제 생활이 너무 가벼웠다는 걸 알게 되었습니다. 신문 기자 생활을 하며 자기 잘난 맛에 살았고, 또 기관 출입하며 얼마나 까불었겠어요? 그게 부끄러워 땀이 나기도 했습니다. 이후 시간 날 때마다 좋은 책을 찾아 읽고 제 나름대로 독학을 했는데, 아름다운서당을 디자인하면서 그 생각이 난 거예요. '고전 명작을 읽히면 성품이 좋아지지 않을까? 내가 까불다가 책을 읽으면서 덜 까불었던 것처럼.' 그래서 고전 명작 150권을 읽히자고 한 겁니다.

　그다음으로 '역량'이란 건 문제 해결 능력이거든요. 직장에서 던져주는 것이 문제들이고, 그걸 받아 해석하고 자기 나름대로 접근해서 해결해 내는 것이 능력 있는 사람의 태도이지 않습니까? 그러니 '실제로 기업 현장에서 빈발하고 있는 케이스를 만들어서 그걸 풀게 하자. 문제 해결 능력이 자랄 것이다.' 하고 생각했습니다. 마지막으로 봉사 활동을 시키면 소명 의식이 커지지 않을까 생각했습니다. 자기보다 어려운 사람을 위해 봉사를 하다 보면 생각이 바뀌지 않을까 한 것이지요.

실패 후 만난
아름다운 헌신

강호의 고수들을 보수도 주지 않고 초빙하신 비결을 듣고 싶습니다. (웃음)

첫해에는 저를 포함해 선생 2명이 시작했습니다. 처음 시작할 때는 일종의 파일럿 프로젝트라 생각했고, 이렇게 10년 넘게 할 줄 몰랐지요. 디자인은 했는데 이게 맞는지 입증을 해야 하지 않겠습니까? 임상을 해서 성공하면 대학생들의 취업 문제를 푸는 솔루션으로 대학가에서 가져갈 것이라고 생각했어요.

그래서 2004년에 목포대학교에 제안했습니다. 그런데 학생이 안 모여서 실패했어요. 그다음 2005년에는 전남대에 제안했습니다. 다행히 학생이 16명 모였고, 1년 후 그중 13명이 졸업했습니다. 3학년생을 뽑아 9월 1일에 시작해서 4학년 8월 31일에 졸업시켰죠. 4학년 2학기부턴 본격 취업 시즌인데, 졸업자 13명이 모두 취직을 한 겁니다. 총장이 제일 크게 놀랐고, 그다음으로 제가 놀랐습니다. 총장은 이걸 정규 프로그램으로 이식하고 싶어 해서 나더러 보직 교수들과 이야기를 해 달라고 했어요. 그런데 교수들과 얘기해 보니 교수들의 생각은 달라요. 조선대도 마찬가지였고요.

결국 대학 이식에 실패하고, 프로그램이 아까워서 제가 서울로 가지고 왔습니다. 그 불을 끌 수 없어 소공동에 있는 YMCA전국연맹에 빈 사무실을 하나 빌려 2기를 시작했지요. 3기부턴 남도학숙에서 했고요. 여기서 5년 동안 방도 빌려주시고 학생들에게 구내식당 밥도 먹여 주셨습니다.

2기부터는 서울에서 선생들을 초빙했지요. 서울에선 선생들을 구하기가 비교적 쉽습니다. 인적 자원이 풍부하잖아요. 사람이 창업할 때는 주변 사람들을 괴롭히게 마련입니다. 그래서 저도 제 주변의 한국일보사 동기, 대우 직장 동료들에게 도움을 구했습니다. 김수종 전 『한국일보』 주필은 그때부터 붙잡혀 지금은 아름다운서당 제주의 교장입니다. 저 때문에 큰 짐을 지고 있지요.

지인을 중심으로 교수단을 꾸렸지만, 스크린은 철저히 했습니다. 교육의 품질은 결국 교사에게 달려 있지 않습니까? 그래서 교사의 기준을 까다롭게 적용했습니다. 그 기준이란 게 대강 이렇습니다. 첫째, 자기 경력에서 일가를 이룬 사람. 예를 들어 언론계라면 평기자는 안 된다, 논설위원 정도는 해야 된다. 기업이라면 중역 이상. 둘째, 글로벌 경험이 있을 것. 언론계라면 특파원 경험, 직장인이라면 해외 주재원을 했거나 해외 유학 경험이 있을 것. 셋째, 밥 걱정 안 하는 사람. 왜냐면 교사들은 재능 기부뿐만 아니라 돈 기부도 하거든요. 학생들에게 '치맥' 사 줄 정도는 되어야 합니다.

올해 13기를 뽑는데, 교수가 40명입니다. 제가 그분들한테 이야기합니다. "아름다운서당 교수야말로 한국 최고의 명예의 전당(Honor Society)에 오른 사람들이다."라고. 돈 1억을 한 번에 쾌척하는 건 쉬울 수 있지만 100만 원을 100번에 걸쳐 1억을 내라고 하면 생각이 좀 달라질 거예요. 학생을 맡아 1년 동안 계속 가르치고, 멘토링하고, 학생들과 밥도 먹고, 계절 따라 야유회도 가는 등 학생들을 계속해서 케

서재경

어하고 관리한다는 게 쉽지 않습니다. 고마운 분들이지요.

패러다임을 바꾼 교육,
시작된 변화

커리큘럼은 어떻게 되나요? 수업 내용도 궁금하고요.

1년 동안 매주 토요일 오전 9시부터 저녁 6시까지 수업을 합니다. 토요일 오전에는 인문학, 오후에는 경영학을 공부하고요, 주중에는 봉사 활동을 합니다. 고전 명작 읽기는 초기엔 150권이었는데 현재 100권으로 줄었습니다. 플라톤의 『국가론』부터 루소의 『사회계약론』, 밀의 『자유론』까지 서양을 만들어 온 주요 사상을 백두대간 타듯 훑어보는 겁니다. 동양도 『노자』, 『장자』, 성리학에 인도와 한국 철학까지 훑어 문사철로 넣고, 과학책 7~8권을 더했습니다.

한 학생이 100권을 모두 읽기는 물리적으로 불가능하니까 당번을 정합니다. 입학식 전 오리엔테이션을 할 때 배분하는데, 보통 1인당 7~8권이 배정됩니다. 운이 좋으면 500쪽짜리 책이, 운이 없으면 800쪽 넘는 책이 배당됩니다. 이걸 통독하고 A4 용지 10매로 요약, 정리합니다. 요약, 정리에도 형식이 있는데, 1. 저자 소개, 2. 작품이 태어난 시대적 배경, 3. 저자가 이 책을 통해 세상에 던지는 메시지, 4. 등장인물, 5. 스토리, 6. 읽는 과정에서 감명 깊게 읽은 대목(밑줄 그은 구절 발췌), 7. 감상평, 이런 식으로 표준화되어 있지요. 발표자가 요약된 내용을 발표 일주일 전에 학우들에게 나눠 줍니다. 일주일 동안 학우들은 그걸 읽고 궁금한 것은 인터넷 자료 조사도 하는 식으로 꽤 많은 내용을 파악하고 옵니다. 발표 당일에는 책 1권에 40분 동안 발표하고, 20분 동안 질문을 받습니다. 모두 학생들이 하는 것이지요. 이때 교수의 역할은 학생들이 트랙을 벗어날 때 휘슬을 불어 주는 정도입니다. 본질에서 멀어지면 다시 궤도에 올려놓은 것이지요. 전체 강평을 하긴 하는데 주로 격려 위주로 해 줍니다.

인문 고전뿐 아니라 경영 케이스 스터디도 마찬가지입니다. 우리가 학교 다닐 때의 수업은 주로 복습 위주로 이루어졌습니다. 아무 준비 없이 학교 가서 선생님 수업 듣고, 교과서는 덮어 놨다가 시험 때 펼쳐서 복습하는 식이지요. 아름다운서당은 예습 중심으로 짜여 있습니다. 스스로 예습해서 노트를 만들고 공유하고 발표하고 질문합니다. 예습을 하지 않으면 수업을 따라올 수 없습니다. 패러다임을 바꿔서 교육을 디자인한 겁니다.

아름다운서당은 사단 법인인가요?

네, 작년에 사단 법인화했습니다. 마침 지금 13기를 모집 중입니다. 매년 6월 말에 모집을 마감 하고, 7월 초에 면접을 하고, 그렇게 선발한 학생들을 데리고 7월 10일에 오리엔테이션을 합니다. 여름 방학 동안 사전 학습을 하고 준비를 한 뒤 9월 첫 번째 토요일에 개강합니다. 수업 장소는 여러 곳을 전전하다 지금은 SK 주유소 대리점 하는 분들의 건물에서 하고 있습니다. 두 분이 자신들의 건물을 교실로 내

놓으셨습니다. 점심도 제공해 주시고요. 한국에 좋은 사람들이 많습니다. 접근법을 몰라 그렇지 도와주고 싶어 하는 사람들이 많습니다. 이런 도움을 받아 지금은 단순히 '아름다운서당'이 아니라 '보면 볼수록 아름다운서당'이 되어 가고 있습니다. (웃음) 지금까지 700여 명이 아름다운서당을 졸업했는데, 그중 70명은 매달 만 원씩 모교에 기부하고 있습니다. 또 올해부터 졸업생 중 4명이 강의에 투입됩니다. 처음이지요.

서당 졸업생들의 취업률은 어떻습니까?

70% 정도 됩니다. 아름다운서당을 마치더라도 대학을 졸업해야 취업이 되는 거 아니겠습니까? 그런데 아름다운서당 과정을 마치고 배낭여행을 떠나거나 교환 학생 가는 애들도 있고, 공부하는 동안 흔들려서 성적 맞춰 들어갔던 학교를 관두고 전공을 바꾸거나 새로 시작하는 애들도 있어요. 그런 애들을 빼고, 대학 졸업하는 애들은 거의 100% 취직합니다. 겸손하게 말해서 70%이고, 대학까지 졸업하면 취직은 걱정하지 않습니다.

이렇게 성과가 좋은데, 좀 더 키워서 제도화해 볼 생각은 없습니까?

왜 없었겠습니까. 여러 차례 시도를 했습니다. 5년쯤 지났을 때 교육부에 민원을 넣어 봤습니다. 검증이 충분히 된 상태니까 제안서를 보내서 이 프로그램을 검토해 보고 대학에 권장해 달라고 했더니 어느 공무원 하나가 연락을 해서는 왜 우리한테 이걸 보냈냐고 해요.

그래서 친분이 있는 국회의원을 통해 1급 공무원을 만나 브리핑을 한 적도 있습니다. 한데 그분도 똑같은 질문을 해요. "왜 이걸 우리한테 보여 주냐."라고. 기가 막히지요. 낫 놓고 기역 자도 모른다는 게 이런 경우 아닌가 싶어요. 다음으로 사립대 총장들에게도 제안서를 돌렸습니다. 사립대는 취업률에 관심이 높을 테니까 연락을 주지 않을까 싶었어요. 사립대 120군데에 보냈는데, 단 한 곳도 전화가 오지 않았습니다. 이런 과정을 겪고 나니 정말 어른들이 청년들의 실업 문제에 진정성을 가지고 고민하고 있는지 의심이 되더군요.

다행히 작년 말에 전기가 생겼습니다. 동원그룹 김재철 회장이 남도학숙의 최대 후원자입니다. 제가 원장이 된 뒤에 인사하러 갔는데, 그때 사무국장을 하시던 따님분이 아름다운서당에 대해 미리 조사를 해 와서 미팅할 때 열성적으로 설명하고 지지해 주셨습니다. 그 말을 듣고 회장님이 1시간에 걸쳐 아름다운서당에 대해 물어보시더니, 교육부에 제출한 제안서를 자신에게도 보내 달라고 하셨어요. 내일모레 연세대 총장을 만날 건데 보나 마나 건물 지어 달라고 할 거다, 하지만 시설이 없어 공부 못 하는 시대는 지났다, 교육자들이 옛날 사고방식대로 건물 타령만 하기에 이 제안서를 보여 주며 프로그램을 해 보라고 할 생각이다, 하셨습니다. 보내 드렸습니다만, 반신반의했지요. 그런데 진짜로 연세대 총장에게 전달을 했고, 이 프로그램을 하면 돈을 대겠다고 했더니 총장도 약속을 했습니다. 그래서 연세대 송도 캠퍼스에 올해 3월부터 이 프로그램이 들어갔습니다. 이런 식으로 조선대, 부경대에도 들어갔고요. 김재철 회장의 호를 딴 '자양 라이프

아카데미'라는 이름으로 우리 프로그램이 살짝 수정돼서 들어간 것이지요. 이 프로그램을 하면 1억5천만 원을 지원하겠다니 대학들한테서 계속 연락이 오고 있다고 합니다. 덕분에 자문하느라 좀 바빠졌습니다. 올 봄 학기부터 시작된 변화입니다.

청년 문제를 바로잡을
또 다른 목표를 향해

역대 남도학숙 원장은 장관을 지낸 분들이 많았는데요, 서 원장님의 이력은 좀 다릅니다. 어떻게 남도학숙 원장이 되셨습니까?

지금은 총리가 된 이낙연 전라남도도지사가 연락을 해 왔습니다. 역대 원장들이 장관이나 국무위원 등 한자리하신 분들이 많아 원로원 비슷한 느낌이 있었지요. 근데 이 총리는 생각이 좀 달랐어요. 남도학숙이야말로 청년 인재들을 키워 낼 황금 어장인데 명망가들의 손에만 맡겨서 되겠는가, 청년들을 이끌어 줄 어른이 필요하다는 생각이었지요. 알고 보니 원장 자리를 놓고 이력서도 들어와 있었다고 하더군요. 그러나 이 총리가 거절하기 어려운 청을 다 뿌리치고 아름다운서당을 주목하고 있다가 저한테 연락을 한 겁니다. 그것도 갑자기. 전임자 떠나기 보름 전에 연락이 와서 한번 해 보지 않겠느냐 하길래 수락했지요.

아름다운서당 운영하시랴, 남도학숙 원장 하시랴, 저술 활동 하시랴, 정말 바쁘시겠습니다. 남도학숙 원장을 하신 지 1년이 넘어가고 있는데 어떠십니까? 이곳도 바쁘지요?

여기야말로 24시간, 1년 365일 깨어 있는 곳입니다. 스태프 35명이 바쁘게 움직이고 있습니다.

남도학숙은 한국의 청년 세대가 당면한 문제가 집약되어 있는 곳입니다. 한국 사회는 지난 수십 년 동안 열심히 드라이브를 걸고 달려왔지만 방향성에는 문제가 있었지 않나 생각합니다. 열심히 살아온 분들한테는 대단히 억울한 얘기겠지만, 잘못된 방향을 설정해 놓고 열심히 뛰면 뛸수록 엉뚱한 데로 가잖아요? 그걸 여기서 느낄 수 있습니다. 학교에선 학생들에게 모두 1등을 향해 뛰도록 만들었습니다. 그 탓에 학생들은 점수 따는 기계가 되어 버렸습니다. 성능은 우수하지만, 사유할 줄 아느냐, 배려할 줄 아느냐, 자기 성찰할 줄 아느냐 물어보면 꽝입니다. 학교 밖에서는 돈을 향해 질주해 왔습니다. 그럼 돈이 행복을 가져다주느냐, 삶의 가치를 증진시키느냐, 전혀 그렇지 않지요. 이렇게 두 개의 허상을 좇아 오다가 막다른 골목에 탁 걸린 형국입니다.

남도학숙 학생 850명 중 200여 명이 소위 SKY에 다닙니다. 이 아이들이 이 안에서 가장 모범적이고, 리더십을 가장 잘 발휘하고, 한국이 앞으로 기대를 걸 만한 젊은이의 모습이냐? 그렇지 않습니다. 오히려 반대입니다. 임기 동안 이 잘못된 문화와 방향성을 잡아 주는 것이 제 목표입니다. 가장 방해가 되는 게 바로 학부모들입니다. 여전히 애들 등 뒤에서 1등이 최고고, 돈 많이 벌어야 하고, 다른 건 다 헛소리니 듣지 말라고 합니다. 공무원이 되어야 한다고 압박해요. 전체 학생의 40%가 공직을 원합니다.

한국의 장래를 짊어져야 할 젊은이들이 그런 정도의 생각에 머물러 있다고 하면 어른이 여기서 무얼 어떻게 해 줘야 할까요? 무척이나 어려운 문제입니다. 남도학숙에 오는 아이들은 다 '인 서울 대학생'이고, 이는 대한민국에서 같은 또래 청년층의 상위 7%에 해당합니다. 그런데 이 학생들의 의식 구조가 눈앞의 것, 목전의 이해관계에 매달려 있고, 자기만 잘되는 것에 관심이 높거든요. 그러면 한국의 장래는 어떻게 될 거냐는 겁니다. 하루 이틀에 해결될 문제가 아니지요.

서 원장은 2016년에 『제목이 있는 젊음에게』라는 책을 냈다. 70세를 맞아 살아온 인생을 종합해서 청년들에게 도움이 될 이야기를 남겨 놓기 위해 낸 책이다. 차분하고 부드럽게 하나하나 설득해 가는 그의 목소리와 태도에서 시니어의 아름다움이란 무엇인지를 봤다고 하면 지나친 것일까?

"할 수 있으면 저는 아름다운서당을 많이 확산시키고 싶습니다. 우리 같은 시니어의 할 일 아니겠습니까? 인생 다 살았는데, 기운이 조금이라도 있을 때 좋은 젊은이들을 키워 놓고 가면 나무 심어 놓는 것보다 훨씬 낫지 않겠습니까?"

"인생은 공부의 연속입니다."

서재경

나효우

함께 걷는 학교,
여행

나효우 ● (주)착한여행 대표

서울신학대학교 재학 시절, 서울 관악구 난곡동의 낙골교회를 통해 빈민 운동과 인연을 맺었다. 1989년 도시빈민연구소(현 한국도시연구소)에서 본격적으로 빈민 활동을 시작한 뒤 1990년 민중주거쟁취아시아연합(ACHR) 한국 대표, 1995년 세계정주회의 한국위원회 사무국장을 지냈다. 1999년부터는 7년 동안 필리핀 퀘손시에 사무국을 둔 아시아주민운동연대(LOCOA)에서 사무총장으로 일했다. 아시아 시민운동과 빈민 활동뿐만 아니라, 2002년 2월 환경연합과 아름다운재단 등이 공동 설립한 아시아NGO센터의 시민운동가 연수 프로그램을 주도적으로 꾸려 오기도 했다.

다양한 활동 끝에 여행 문화에 관심을 갖고, 2009년 여행자와 방문 지역 모두에게 도움이 되는 '공정여행'을 모토로 한 사회적 기업 ㈜착한여행을 설립해 운영하고 있다. 아울러 서울시 '동행' 프로젝트, '지구를 살리는 녹색 여행' 캠페인, 피스 보트 크루즈 등 국내외의 여러 협력 프로젝트를 진행하고 있다.

1989년 세계 여행 자유화 이후 한국에서 해외여행은 더 이상 신기한 일이 아니고, 매년 휴가철과 명절 연휴가 되면 인천공항은 북새통을 이룬다. 여행이 대중화됨에 따라 2000년대 후반 '공정여행'이라는 개념이 대두되었다. 오로지 먹고 노는 여행이 아니라 여행지 주민들과 소통하고, 환경에 부담을 주지 않는 여행에 대한 요구가 생긴 것이다.

　　우리나라에 공정여행 개념을 도입하고, 이를 여행 상품으로 만들어 낸 이가 바로 (주)착한여행 나효우 대표다. '길 위에서 배우다'를 온몸으로 체화한 나효우 대표를 만났다. 인터뷰는 2017년 7월 17일 오후, 서울시평생교육진흥원 원장실에서 진행되었다.

'여행지'와 '여행자'에 더해
'여행의 기회'도 공정해야

몇 년 전부터 '공정', '공정' 하는데, 거기에 '여행'까지 붙은 '공정여행'이 뭡니까?

여행 다녀온 사람들에게 가장 기억에 남는 게 뭔지 물어보면 대부분 사람과 만난 에피소드를 이야기합니다. 자연의 웅장함, 찬란한 문화유산도 좋지만, 감동을 주는 건 대체로 어떤 사람을 만나 교류한 경험일 때가 많습니다. 공정여행은 첫째, 현지 사람과 동등하게 만나 교류하는 여행, 둘째, 환경 파괴를 최소화하는 여행, 셋째, 지역 경제를 활성화(로컬 푸드 먹기, 로컬 시장 이용하기)하는 여행입니다.

저희가 만든 여행 상품 중 일본 규슈 종주 여행이 있습니다. 여행 중 홈스테이를 1박 하는데, 한국 사람들에게는 한국의 음식 재료를 싸 오게 하고, 그곳 주민들은 로컬 푸드를 준비해서 함께 점심을 만들어 먹고, 서로 자기네 나라 음식을 소개하며 교류하는 시간을 보냅니다. 보통 2~3명 정도가 함께 자는데, 서로 말이 통하지 않아도 한자를 쓰거나 보디랭귀지로 소통합니다. 여행 다녀와서 대부분의 사람들이 이 홈스테이 교류가 가장 좋았다고 말합니다. 그래서 저희가 여행 상품을 기획할 때 한 번 정도는 꼭 교류 프로그램을 넣습니다.

또 보통 해외 봉사의 경우, 페인트칠을 하거나 아이들을 모아 교육하거나 하잖아요? 그런데 이런 걸로는 교류가 잘되지 않는 것 같아요. 이 경우에도 저희는 그 마을의 청년들을 조직해서 미리 협의를 합니다. 한국의 대학생들이 왔다 가면 마을에는 무엇이 남을까, 마을은 무엇을 원하는가를 협의하고 준비한 후에 만나니 훨씬 도움이 되고, 효과도 좋습니다.

공정여행 전에 '공정무역'(fair trade)이라는 말이 먼저 있었지요. 국내에선 여성환경연대에서 베트남과 필리핀 등의 원주민들이 만든 옷이나 가방 등을 소개하면서 시작된 비즈니스입니다. 공정무역에서 생산지와 소비자의 거래가 공정해야 되듯, 공정여행(fair travel)에서는 여행

지와 여행자의 거래가 공정해야 됩니다. 그런데 그뿐 아니라 여행자끼리도 공정해야 돼요. 우리는 대부분 거래의 공정함을 생각하지만, 여행자 내부의 공정도 중요합니다. 여행자 중에서도 노인, 장애인, 여성, 가난한 사람 등에겐 여행의 기회가 공정하지 않아요. 모든 사람에게 여행의 기회를 준다는 것(travel for all)은 '학습'이라는 면에서 상당히 소중합니다.

나이 드신 분들한테 한글을 깨치게 하고서 소원이 뭐냐고 쓰라고 했더니, 20명 중 17~18명이 여행 가고 싶다고 쓰셨어요. 깜짝 놀랐습니다. 손주 본다고 맨날 방에 처박혀 있는데, 홀홀 버리고 나가고 싶으신 거지요. 장애인들한테도 물어보면 체험 같은 거 다 필요 없고, 차를 타고 어디든 가면 좋겠다고, 창밖으로 풍경만 봐도 행복하다고 합니다. 수학여행도 돈을 내야 되니, 돈 없는 애들은 못 가잖아요? 여행을 한다는 건 학습하는 건데. 사실 여행이야말로 가장 멋진 학습이거든요. 그런 기회를 박탈하는 건 문제가 있는 거잖아요?

국수적이고 편협한 나를
성장시킨 건 바로 '여행'

여행이 학습이라, 그것도 가장 멋진 학습이라, 그럴듯합니다만……. (웃음)
저는 여행을 통해 자란 거 같아요. 저는 원래 도시 빈민 사업을 하던 사람입니다. 서울 난곡동에서 빈민 활동을 했었는데, 맨날 우리 동네 주민들과 술 마시고 놀다가, 아시아빈민대회가 열렸고, 저희 동네에도 10여 명 정도가 오셔서 잠을 잤어요. 스페인, 멕시코 분들이 왔는데, 그때 제가 충격을 크게 받았어요. '내가 너무 민족주의, 국가주의에 빠져 있구나.', '가난의 문제는 전 세계적인 문제인데, 나는 왜 자꾸 한국 사람들을 옹호하려고 하지?' 하는 생각이 들면서, 그런 내가 치졸하고 속 좁아 보였습니다. 그때 국가와 민족을 넘어서 사람을 만난다는 게 무엇인지 알게 된 거지요.

그때 데니스 머피(Dennis Murphy)라는 예수회 신부 출신의 빈민 활동가를 만났습니다. 필리핀에서 빈민 활동을 40여 년 동안 하시던 분인데, 그분을 따라 세계 곳곳을 다니며 배우고 체험하면서 세계를 보는 눈이 확 달라진 겁니다. 제가 20대 때의 이야기입니다. 뒤늦게 알고 보니 체 게바라, 마오쩌둥 등도 여행으로 인생이 바뀐 사람들이더라고요. '여행이 학습'이라는 말은 그게 주입식 교육이라는 뜻이 아니에요. 사람은 그냥 놔두면, 풀만 보고 바다만 봐도 깨달을 수 있지요. 오픈해 놓고 가만 놔두면 깨닫게 된다는 걸 그때 알게 된 겁니다.

저 혼자 그렇게 다니니까 동료, 후배 들에게 미안한 마음이 들었고, 우리 시민 사회의 시야가 국수적인 이유도 여행이 없고 쉼이 없어서라는 생각이 들었어요. 제가 좋아하는 단어가 '성찰'인데, 깊이 있는 성찰은 반성으로 되는 게 아니라 객관적인 조건이 마련되어 있어야 가능해요. 자유로운 공간, 다른 걸 볼 수 있는 시간이 제공되어야 하고 그것이 바로 여행이라고 생각했습니다. 그래서 필리핀 마닐라에 센터를 하나 만들고 시민운동가들을 불러 쉬게 하고, 오후에는 영어 공부도 시키고 했지요. 당시 막사이사이상을 받은 박원순 시장이 상금을 기부해 도움을 많이 받았습니다. 처음엔 한국 활동가들을 초청했는데, 나중엔 미얀마, 태국의 시민 활동가들도 와서 합류했어요. 브릿지 리더십을 콘셉트로, 동종 간의 연대가 아니라 이종 간의 연대를 추구했지요.

빈민 활동을 하시다, 여행업으로 장족의 발전을 하셨습니다. (웃음) 2009년 에 착한여행사를 설립한 것으로 알고 있습니다. 어떤 계기로 여행사를 직접 만들었나요?

제가 어느 날 여행을 다니다 해외에서 한국의 패키지 여행객을 만 난 적이 있어요. 반가워서 인사를 했는데, 인솔자가 싫어하더라고요. 왜 그럴까 싶었고, 그 사람들은 돈도 많이 내고 왔을 텐데 사진만 찍 고 가는 것도 아쉬웠어요. 얼마 후 고등학생들이 중국으로 수학여행 을 갔다가 마사지 숍에 갔다는 뉴스가 대서특필됩니다. 그 뉴스를 보 면서 어른들한테 배울 거나 따라 할 게 그것밖에 없나 싶더라고요. 기억나는 여행으로, 여행을 의미 있고 재밌게 갈 수 없을까? 그때부 터 고민했습니다.

사람이 세계 인식을 넓히는 방법에는 독서와 여행이 있지요. 매년 천만 명 이상이 여행을 가는데, 조금만 더 넓게 생각하고 현지인을 존 중하는 마음이 있으면 더 많은 걸 배울 텐데라는 생각이 들어, 캠페인 을 시작했어요. 대안여행, 공정여행, 착한여행 같은 것입니다. 국내엔 아쉽게도 그런 여행 프로그램이 없더라고요. 그래서 시험적으로 만든 것이 메콩강 시리즈였습니다. 이전까지 모든 여행사들은 한결같이 국가 단위로 여행을 표기했습니다. '베트남 4박 5일' 식으로요. 그렇게 국가별로 보기보다 강줄기 하나를 따라가면서 음식 문화, 집의 모양, 언어 등을 살펴보면 좋은 여행이 되지 않을까 싶어 메콩강을 코드로 만들어 봤지요.

'착한여행'은
여행업계의 유기농

공정여행, 착한여행의 개념이 대중적으로 얼마나 알려져 있지요? 좀 알려져야 장사도 되고, 장사가 좀 되어야 지속 가능할 텐데요.

2013년 12월 한국관광공사에서 여론 조사를 했는데, 33.4%가 "착한여행, 공정여행을 하고 싶다."라고 대답을 했습니다. 저도 놀랐습니다. 이렇게 많은 사람이 착한여행 개념을 알고 있다니! 착한여행은 이를테면 여행업계의 유기농입니다. 우리나라에 유기농 시장이 없었잖아요? 그러나 지금은 전체 소비자의 30% 정도가 유기농 농산물을 먹습니다. 이와 마찬가지로 여행업에 공정여행, 착한여행이라는 시장이 없다가 생긴 겁니다. 가격은 좀 높지만 팁을 따로 주거나 추가 옵션을 구매할 필요가 없어 많이들 좋아하십니다.

착한여행사를 처음 시작할 때만 해도 전국에 이런 개념의 여행사는 몇 군데 없었습니다. 지금은 100여 개가 넘어요. 문광부에서 지원해서 농촌에는 마을 관광 주민 여행사인 '관광두레'가 전국 30여 개 있습니다. 공정여행 여행사끼리 협의회도 있고, 일반 여행사와의 교류회도 한 달에 한 번씩 열고 있습니다. 일반 여행사를 적으로 놓는 게 아니라 지속 가능한 관광을 위해 함께 힘을 합치고 파이를 키우고 싶습니다. 큰 여행사들도 지속 가능한 여행 이야기를 하면 긍정적으로 생각해 주십니다.

그럼 지속 가능성이 높다는 말이군요. 사업은 잘되고 있나요?

여행업계는 지금 위기 상황입니다. 저가 여행사, 온라인 여행사가 세를 형성해 기존 여행사들의 존립이 위태로운 상황이지요. 요즘 여행 가려고 할 때 숙박은 어디를 이용해 예약하나요? 부킹닷컴, 익스피디아 같은 데 보시지요? 이게 다 글로벌 여행사입니다. 우리나라 자생 여행사는 하나도 없어요. 호텔은 이미 온라인 여행사가 장악했고, 항공도 휘청거리고 있습니다. 전국에 여행사가 1만 5천 개 있는데, 상위 20개 여행사가 전체 관광 수익의 73%를 장악하고 있어요. 여기에 온라인 여행사까지 합세해 앞으로 5년 내에 어떤 식으로 지각 변동이 될지 아무도 예상할 수 없는 상황입니다.

그런 중에, 저희 같은 여행사의 상품을 SIT(Special Interest Tourism, 특수 목적 관광)라고 하는데요, 이런 상품을 갖춘 여행사들은 소수지만 오히려 자생력이 있어요. 가격이 아닌 가치로 경쟁하니 차별화가 되어 생존율이 높은 편입니다. 여행업계 전반적인 불황에도 매년 성장하고 있으니 약간 미안할 정도이지요. 수탁금이라고 해서 항공, 호텔 포함하면 30억 정도 되는데, 그중 4~5억 정도가 매출 이익입니다. 이

여행업이 기본이고, 거기에 교육 관련 콘텐츠인 마을 여행, 마을 관광 등의 프로젝트를 하고 있습니다.

마을 여행은 평생교육 쪽에서 요청이 많이 와요. 시리즈로 만들어 달라고요. 서울 은평, 관악, 서초구의 평생학습관에서 요청이 들어와서 컨설팅도 하고 프로그램을 만들었지요. 지방 도시로까지 확장 중입니다. 마을 여행은 태국 등 아시아에서 발달했는데, 지역민들이 투어 가이드도 하고 특산품도 팔면서 마을 주민들이 주도하는 여행이에요. 이게 잘되면 상관이 없는데, 잘못될 경우 젠트리피케이션처럼 투어리피케이션 현상이 나타나요. 서울 북촌, 서촌, 이화동의 경우 관광객이 너무 많아서 주민들이 괴로워합니다. 이를 오버투어리즘이라 하는데, 저희가 지금 종로구와 함께 관광객과 주민이 충돌하는 지점을 찾아서 완충하는 프로그램을 연구 중입니다.

공정여행이라고 해서 해외여행만 생각했는데, 정말 다방면의 일을 하시는군요.

초기에는 사실 여행 관련 일보다 연구, 정책 토론, 교육, 캠페인을 더 많이 했습니다. 10여 년 전만 해도 여행에 대해선 뭔가 문제가 생겨야 언론에 관련 보도가 나왔잖아요? 명품이나 모피 쇼핑, 바가지요금이나 먹튀 등이 문제로 보도되었죠. 그래서 대안여행 캠페인을 많이 했습니다. 쇼핑을 위한 관광, 화류계 여행 말고 환경을 보호하고 현지 사람들을 존중하는 여행을 하자는 캠페인, 또 전교생이 다 가는 대규모 수학여행 대신 두세 반이 함께 가는 소규모 테마 여행을 수학

여행으로 하자는 캠페인을 했지요.

착한여행사 설립 첫해에는 참 행복했습니다. 이런 일이 처음이라 이 사업이 흥할지 망할지도 몰랐고 아무 생각이 없었거든요. 다음 해부터 배고프고 힘들기 시작했는데, 만날 캠페인이나 하고 있으니 직원들이 "여기가 여행사냐, NGO냐?" 불만이 폭주했지요.

최고로 힘들었을 때는 2014년입니다. 세월호 참사가 일어난 해이지요. 세월호 참사 이후 여행 가자는 이야기를 꺼낼 수 없는 분위기

가 되었고, 여행 가기로 했던 데도 줄줄이 취소를 했어요. 저라도 그랬을 겁니다. 이후 메르스, 사드 등 여행업계에 지속적인 악재가 발생했지만 리스크 분석을 통해 꾸준히 성장하고 있습니다. 지금 관악구에 사무실이 있고, 직원은 10명입니다.

놀이, 여행을 통한
평생학습 동네 허브 구축

여행업이라 에이전트가 있고 가이드도 필요할 텐데, 그런 부분은 다 어떻게 확보를 합니까?

파트너십이라고 해서 해외 지부가 있습니다. 여행업은 저희가 보내고, 여행지에서 받는 것이지요. 받는 사람들이 받기만 해서는 안 된다고 생각해요. 저희가 궁극적으로 생각하는 것은 받는 사람들의 자력갱생, 자활입니다. 저희가 보낸다고 무조건 받는 게 아니라 때에 따라서는 오지 말라고 할 수 있어야 해요. 그러려면 이 집단이 완결성을 가져야 하는데, 숙소, 안내 등 일곱 가지 요소를 갖추고 협의할 수 있는 센터가 되면 가능합니다. 이 센터를 현지인들을 대상으로 제안해서 라오스, 캄보디아, 필리핀, 네팔, 인도네시아에 세웠고, 최근에 제주도에도 생겼습니다. 이분들이 다 저희 직원인 겁니다. 센터가 없는 경우에는 NGO라든가 믿을 만한 모임과 연결해서 진행하고 있습니다.

구슬이 서 말이라도 꿰어야 해요. 마을에 좋은 특산품이 있고, 배울 것이 있고, 맛있는 집이 있어도 그걸 꿰는 역할이 필요하거든요. 그걸 하나로 쭉 꿰는 게 여행업입니다. 저는 평생학습을 좋아하거든요. 시민학습, 평생학습을 위해선 툴(tool)이 필요해요. 강의실로 오라고 해서 강의하는 방법도 있지만, 학습의 방법 중에는 놀이나 문화로 하는 방법도 있잖아요? 모여서 놀다 보면 오는 깨달음이 있고요. 놀이나 여행을 통한 평생학습을 서울시평생교육진흥원과 같이 협의하면 좋을 것 같습니다.

좋습니다. 저희도 개방형 자유시민대학을 맡아 본격적으로 추진할 계획이고, '모두의학교'라는 평생교육종합센터가 10월에 금천구에서 개관합니다. 콘셉트가 '브릿지'고요. 모든 세대가 자신의 학교를 만들 수 있는 학교거든요. 모두의학교와 착한여행사가 결합해서 커리큘럼을 만들면 좋겠네요. 조직적, 내용적으로 융합해 보고 싶습니다. 강의실을 떠난 교육을 해 보고 싶은 거지요.

좋지요! 마포구에 석유 비축 기지가 있는데, 이게 곧 문화 비축 기지로 바뀝니다. 거기다 여행대학과 지구마을대학을 만들기로 했습니다. 여행대학에선 예를 들면 중·고등학생들이 잠옷을 입고 동네 돌기 같은 걸 합니다. 학교와 집만 시계추처럼 왔다 갔다 하던 애들이 안전한 우리 동네에서 산책하면서 자기 동네를 알아 가는 그런 프로젝트지요. 원래 지구마을대학은 제주도에 만들려고 했던 거예요. 대안학교 출신만 받는 것도 아니고, 나이랑 상관없이 사람을 받아서 한 학기 정도 코스로 학제 없이 자신이 원하는 수업을 받게 하는 인문교육 과정입니다. 모두 의학교와 콘셉트가 비슷하네요.

이제는 개인이 여행업을 할 수 있는 시대입니다. 지금 평생학습을 받는 50대 이상의 분들이 여행업으로 자기 디자인을 할 수 있습니다. 기자 출신으로 글을 잘 쓰는 시니어라면 '여행+글쓰기'를 디자인할 수 있고, 사진 잘 찍는 분은 '여행+사진'으로 디자인할 수 있는 겁니다.

마지막으로, 착한여행사의 장기적 비전은 무엇입니까?

하하, 이건 영업 비밀인데요……. 여행업이라는 것은 힐링, 배움, 자극을 주는 거라고 생각합니다. 그다음으로 생각할 수 있는 게 '장소'입니다. 저는 이 장소에 관심이 있는데요, 간단히 얘기하자면 여행지의 숙박업소, 즉 게스트 하우스 같은 걸 말하는 거지요. 지금 서울시에 게스트 하우스가 천 개가 넘습니다. 이게 전부 4~5년 전부터 만들어진 겁니다. 합법적인 것만 천여 개고, 실질적으로는 1천300여 개가 돼요. 마포구 같은 경우 350여 개나 되는데, 한동네에 이렇게 '게하'가 많다 보니 이분들이 서로 경쟁을 하고 있어요. 그렇다 보니 서로 문을 꽁꽁 닫아걸고 있지요. 저는 그 문을 어떻게 열게 할까에 관심이 있습니다.

게스트 하우스는 게스트와 호스트가 교류하고, 게스트와 게스트가 교류하는 허브 역할을 하는 공간입니다. 여기서 하룻밤 자면서 이 동네 맛집이 어딘지, 어디서 재밌게 놀 수 있는지 물으면 다 나와요. 동네 인포메이션 센터인 겁니다. 그런데 이런 허브 천여 개가 잠만 자는, 아침밥 먹는 곳으로 낭비되고 있는 게 아까워요. 이 게스트 하우스들이 동네 허브가 되도록 만드는 것이 저의 비전입니다. 그렇게 되면 그곳이 청년들 일자리와도 연결될 수 있고, 지역 기반 학습 공간으로도 기능할 수 있게 됩니다. 더 나아가 한국뿐만 아니라 아시아와도 연계할 수 있지요.

여행은 걷는 학고닙띠.
함께 걸어가요!

나효우

조정래

공부, 인생의 고달픔과
죽음을 극복하는 힘

조정래 ● 소설가

1943년 전라남도 순천 선암사에서 시조 시인인 대처승의 4남 4녀 중 넷째로 태어났다.
어린 시절을 주로 순천과 벌교에서 지내면서 여순 사건과 6·25 전쟁을 겪었다. 이 유년의
경험은 훗날 조정래 문학의 자양분으로 작용했다. 동국대학교 국어국문학과를 졸업했고,
1970년 『현대문학』으로 등단하면서 작품 활동을 시작했다.

그가 원고지 1만 6천500장 분량으로 6년간 연재한 대하소설 『태백산맥』은 완간되자마자
문학 담당 기자들과 문학평론가들에게 '1980년대 최고의 작품', '1980년대 최대의 문제
작'으로 꼽혔다. 이후 2만 장 분량의 원고로 일제 강점기에 폭압에 맞선 우리 민족의 저항
과 투쟁, 승리의 역사를 담은 『아리랑』을 출간했고, 4·19 혁명, 5·16 군사 정변, 10월 유신
과 부마 항쟁, 광주 민주화 운동과 6월 항쟁에 이르기까지 한국의 현대사를 담은 『한강』
을 출간해 대하소설 현대사 3부작을 완성하면서 '20년 글 감옥'에서 출옥했다.

현대문학상, 대한민국문학상, 성옥문화상, 동국문학상, 단재문학상, 노신문학상, 광주시
문화예술상, 만해대상, 동리상 등을 받았다.

2018년 새해를 맞아, 새 희망을 이야기하되 개인과 사회, 민족 공동체 전체의 미래를 아우르는 웅혼한 메시지가 곁들여지면 좋겠다는 판단이 섰을 때, 인터뷰이는 이미 선택된 셈이었다. 『태백산맥』과 『아리랑』, 『한강』 등 남들은 한평생 한 편 쓰기도 힘든 대하소설을 시리즈로 엮어 낸 조정래 작가로 시선이 갔고, 곧바로 휴대폰이 없는 조 작가의 집으로 전화를 넣었다. 무술년 희망의 메시지를 들려 달라는 주문을 거절할 분이 아니었다. "분당 우리 집으로 오소!"라고 인터뷰 요청을 흔쾌히 수락한 이 '대한민국 국민 작가'는 예상대로 개인과 사회, 공동체를 넘나들며 평생학습이야말로 마지막 남은 희망의 불씨일 수 있음을 때론 열정적으로, 때론 남도식 입담을 섞어 해학적으로 풀어 냈다.

　2018년 1월 9일 오후, 경기도 성남시의 분당 궁안마을 조정래 작가의 자택으로 가는 태봉산 자락의 좁은 길로 접어들자 하얀 눈이 탐스럽게 쏟아져 내리기 시작했다. 영하의 날씨 속에서 밥

조정래

그릇을 엎어 놓은 듯한 반구형의 태봉산은 서설(瑞雪)인 듯 새하얀 눈으로 하얗게 뒤덮여 가고 있었다.

　조정래 작가는 백의(白衣)의 염결함이 배어 나오는 흰색 무명옷을 곱게 차려입고는 인터뷰 팀을 반갑게 맞았다. 고된 여정의 인도 여행에서 돌아온 지 며칠 되지 않았다면서도 피로한 기색 없이 특유의 유머를 곁들인 활기찬 답변으로 인터뷰를 이어 갔다.

다시 시작하는
질문하는 소설

마침 눈도 오고 정취가 참 좋습니다. 여기 아주 좋은데요?

여기도 좋지만 곧 떠납니다.

예? 어디로요?

요즘 제가 새로 작명한 제 호가 '오월명촌'입니다. 무슨 말인지 아시겠어요? 요즘 줄여 말하는 게 인기잖습니까? '인포인＝인간이기를 포기한 인간', '신포신＝신문이기를 포기한 신문'. 마찬가지로 '오대산 월정사 자연명상마을 촌장'의 준말이 '오월명촌'입니다. 평창동계올림픽 때 오대산 월정사 근처에 자연명상마을이 문을 엽니다. 300명 정

도가 숙식할 수 있는 곳인데, 제가 거기 촌장으로 가서 IOC위원들을 상대로 한민족의 특질, 전통에 대한 특강을 하고, 오대산 월정사 주지 스님과 함께 월정사 천년의 숲을 따라 성화 봉송을 하게 되었습니다. 성화 봉송 한다니까 손자들이 제일 좋아해요. 하하.

사모님도 함께 가시는 건가요?

당연하지요. 거기 가서 사는 겁니다. 스님들과 함께 밤 9시에 자고 새벽 4시에 일어나서 절밥 먹고, 오전 10시까지 집필을 계획하고 있습니다. 촌장으로서 제가 할 일은 명상마을에 오시는 분들의 입학식과 졸업식 때 한마디 하는 겁니다. 물론 평소에도 마을 사람들과 삶, 문학, 인생에 대해 이야기하고요. 서울에서 멀다고 하지만 청량리에서 KTX로 40분이면 진부역에 도착하고, 진부역에서 택시 타고 5분만 들어가면 됩니다. 마을은 거의 완공됐는데, 촌장 집이 아직 덜 지어져서 기다리고 있습니다.

인도에는 무슨 작품을 구상하려고 가셨습니까?

8년 뒤 발표할 저의 마지막 장편 소설을 준비하러 갔습니다. '인생이 무엇인가', '우리는 어디서 와서 어디로 가는가'라는 질문에서 시작해 '죽음의 공포'와 '내세'까지 다루는 영혼의 문제에 대해 쓸 작정입니다. 더 나이 들면 여행 가기 힘들지 않습니까? 그래서 이번에 다녀왔지요.

지금은 잠깐 쉬는 중인데, 올 7월부터 또 소설을 시작합니다. 11개월 동안 쓰고 내년 6월에는 책이 나올 거예요. 제목이 '천년의 질문'이라고, '국민에게 국가란 무엇인가'를 묻는 작품입니다. 교육부 국장인 공무원이 국민들에게 "개, 돼지"라고 하는 나라가 우리나라 아닙니까? 도대체 국가란 조직이 무엇이기에 이토록 국민을 억압하고 횡포를 부려 왔는가, 합법적 마피아 집단이면서 폭력 집단인 국가에 대해 이야기할 예정입니다. 또 대의 민주주의가 얼마나 불확실한가에 대한 질문도 할 겁니다. 사랑의 맹세만큼 허황한 게 없잖아요? 대의 민주주의도 마찬가지입니다. 표를 줘도 끝없이 국민을 배신합니다. 그것이 권력의 속성입니다. 권력을 잡는 순간 '악마'가 되고, 권력을 놓는 순간 '허수아비'가 되는 나라가 대한민국 아닙니까?

끝없는 촛불 시위로 권력을 감시해야 합니다. 끝없이 감시하지 않으면, 끝없이 촛불 시위 하지 않으면, 끝없이 '개, 돼지' 취급을 받고, 짓밟히고 착취당할 겁니다. 아마 소설 속에 '개, 돼지'라는 말이 열 번 이상 나올 겁니다. 하하. 전체적으로는 우리나라를 토대로 해서 쓰되, 전 세계적인 응답이 될 수 있도록 상사원, 외교관 등의 등장인물들 입을 통해 이야기할 예정이고요.

'개, 돼지' 발언에 큰 충격을 받으셨군요. (웃음) 그 사람이 교육부 공무원이었습니다만, 선생님이 교육 문제에도 관심이 깊은 줄은 잘 몰랐습니다. 몇 해 전에 나온 『풀꽃도 꽃이다』에서는 지금 우리 교육에 대해 강도 높은 비판과 질타를 쏟아 내셨지요?

하하. 사실 그 소설은 학부모들이 제일 좋아할 줄 알고 썼는데, 학부모들이 제일 싫어합디다. 문제가 학부모에게 있다고 썼으니까. 현실이 이렇게 악랄한데 내가 너무 순진했구나 하는 걸 깨달았지요. 대한민국 독서계는 20~30대 여성 독자를 잡지 못하면 실패하는 건데, 내가 그분들한테 졌어요.

죽음을 극복할
자아를 만드는 평생교육

4차 산업 혁명이다, 100세 시대다, 인생 3모작이다 해서 '평생교육'이 새롭게 관심을 모으고 있습니다. 평생교육 하면 어떤 게 떠오르십니까?

평생교육이라 하면 끝없는 자기 계발이 전제되어야 하는데, 그게 지금 손자 세대가 부딪히는 문제지요. 저는 스스로를 끝없이 단련하며 손자 세대와도 대화를 할 수 있는 할아버지가 되는 것이 평생교육이라고 생각합니다. "내가 어렸을 때……."가 아니라 "니들은 그러니?" 하면서 손자 세대와 의식의 화합을 이룰 수 있는 할아버지가 되는 것이지요. 손자들이 "할아버지는 구식이야!" 하는 순간 버림받게 됩니다. 애들을 감동시킬 만큼 스스로 노력해야 된다고 봐요. 시간이 없어 글을 못 읽어, 시력이 나빠 글을 못 읽어, 하는 건 무식과 야만을 자처하는 일입니다. 요즘 좋은 안경이 얼마나 많습니까? 시간을 왜 내지 않습니까? 그러면 모두에게 버림받게 됩니다. 새로운 생명으로 태어나려면 밑의 밑 세대와 친구가 되어야 합니다.

저는 83세까지만 장편을 쓸 겁니다. 그 뒤에는 중단편이나 명상의 글을 쓰면서 늙어 가고 싶어요. 원래 화가가 되고 싶었는데 물감값이 없어 단념하고 글쓰기를 택했습니다. 그래서 제 취재 수첩에는 그림이 많습니다. 83세부턴 그 꿈을 이어 붓글씨를 쓸 생각입니다. 10년쯤 아침저녁으로 쓰다 보면 서예전까지 할 수 있지 않겠어요? 좋은 글귀를 한 300개쯤 써 붙여 놓고 선착순으로 독자들에게 선물할 겁니다. 그런 계획을 세우니까 새해가 기다려져요. 길을 닦아 자신을 연마하는 것, 이게 다 평생교육이잖아요?

'인생은 길 없는 길'이라는 말이 있습니다. 『화엄경』에 나오는 말이지요. 저는 이런 말을 즐겨 합니다. "인생이란 자기 스스로를 말로 삼아 끝없이 채찍질을 가하며 달려가는 노정이다.", "인생은 두 개의 돌덩이를 바꿔 놓아 가며 건너는 징검다리다. 외롭고 고달프지 않은 삶이란 없다." 그래서 도를 닦고, 마음을 닦는 것입니다. 사람들은 덜 외롭고, 덜 고달프기 위해 도를 닦고 마음을 닦는 셈인데, 저는 이것이 평생교육이라고 생각합니다. 인생의 고달픔과 죽음의 공포를 극복할 수 있게 하는 힘, 그것이 평생교육이지요.

제가 농촌 출신이다 보니 땅에 대한 애정이 많습니다. 환경, 생태에도 관심이 많고, 나이 들다 보니 죽음과 영생, 종교에도 관심이 미칩니다. 평생교육의 마지막은 결국 죽음을 극복할 수 있는 자아를 만드는 일 아닙니까? 죽음은 또 다른 형태의 삶이에요. 영원한 잠이잖아요? 이렇게 두려움을 받아들일 수 있어야 해요. 끝없는 훈련을 통해서 말입니다.

집필할 때 시간을 정해 놓고 하신다고요?

중단편을 쓸 때는 시간의 낯가림이 가능합니다. 그러나 대하소설을 쓸 때는 그게 안 돼요. 전력투구를 해야 합니다. 제가 마흔부터 예순까지 20년간 『태백산맥』, 『아리랑』, 『한강』 이렇게 총 32권을 썼습니다. 먹고 자는 시간 빼놓고는 거의 다 소설 쓰는 데 바쳤어요. 대하소설 세 편은 그렇게 나왔습니다. 세계적으로 저처럼 한 작가가 대하소설을 세 편이나 쓴 예는 없다고 합니다. 미하일 숄로호프도 『고요한 돈강』 하나, 박경리 선생도 『토지』 하나인데, 저만 세 편이더라고요. 하하.

소설을 쓰기 위해 채식과 소식을 하고, 육식은 일주일에 한 번만 합니다. 하루도 빠짐없이 국민 보건 체조를 하고 산책을 하면서 체력을 다졌지요. 이번에 인도 여행 가서도 체조를 했더니 사람들이 다 따라 합니다. 하루도 빼먹지 않고 하는 게 중요해요. 『태백산맥』을 끝낼 즈음, 이른바 '운동권의 시대'도 함께 끝났는데, 그때 출판사 사장이 저더러 골프를 치자고 해요. 저는 소설 쓰느라 20년간 술도 안 마셨던 사람입니다. 그런데 골프라니요! 대개 하루에 30매를 쓰는데, 술 마시면 당일, 깨는 데 하루, 회복하는 데 하루, 이렇게 사흘이 그냥 날아가 버려요. 술 열 번만 마시면 900매가 날아간단 소리지요. 술도 끊고, 세상과의 인연도 끊고. 그래서 아직 휴대폰도 없습니다. 컴퓨터가 아니라 여전히 육필로 원고를 쓰고요. 그렇게 후회 없이 노력하면서 소설을 써 왔던 것이지요.

조정래   81

징그럽고 끔찍하다고 할
노력을 바치지 않고는

흔히 예술은 아무나 하는 것이 아니라고 말합니다. 문학도 예외는 아닐 텐데요. 누구보다 많은 글을 써 오셨는데, 뛰어난 재능을 가지신 건가요, 아니면 특별한 비결이 있는 건가요?

우리가 자주 듣는 말에 '타고났다'는 말이 있습니다. 소질이나 재주를 가리키는 말이겠지요. 이렇게 말하고 싶진 않지만, 답을 피할 수 없게 됐으니 말하지요. 예술은 일단 타고난 재능이 있어야 합니다. 그러나 재능은 예술에 국한하지 않습니다. 이 세상 모든 직종의 일이 재능을 필요로 합니다. 이 말을 다시 바꾸면 이렇습니다. "천재란 1%의 영감과 99%의 노력으로 이루어진다." 이건 에디슨이 한 말이지요. 여기서 영감이란 재능이나 소질을 말합니다. 아인슈타인과 함께 과학계의 2대 천재로 불리는 에디슨의 이 말이 무슨 뜻이겠습니까? 천재란 재능이 아니라 노력이 결정짓는다는 것 아닙니까? 에디슨의 말은 흔히 말하는 '천재의 겸손'이 아닙니다. 그가 그 많은 발명품을 만들어 내는 동안 실패에 실패를 거듭하면서도 수백, 수천 번의 노력을 다 바친 다음에 얻은 진정한 고백일 것입니다.

세계가 인정하는 천재 첼리스트 파블로 카살스를 한번 볼까요. 천재 첼리스트에게 붙여진 별명은 그에 어울리지 않게 '연습 벌레'였습니다. 카살스는 평생에 걸쳐 하루도 거르지 않고 날마다 3시간씩 따로 연습을 했어요. '따로'란, 교향악단이 합동 연습을 하는 날에도 혼자 또 연습을 했다는 뜻이죠. 그 지독한 끈질김은 여든을 넘기고, 아흔을 넘어서도 계속됐습니다. "선생님은 전 세계가 인정하는 최정상입니다. 그리고 연세까지 아흔을 넘기셨습니다. 그런데 왜 지금도 매일 3시간씩 연습을 하시는 겁니까?" 어느 기자가 이렇게 물었습니다. "날마다 조금씩 나아지는 것 같아서……." 카살스의 대답이었습니다. 무슨 말을 더하겠습니까. '징그럽고 끔찍하다'고 할 수밖에 없는 그런 노력을 바치지 않고, 하는 일이 잘 안된다고 푸념하고 불평하고 재능 탓만 해야 되겠습니까?

문학청년 시절에 저도 초조한 마음으로 소설을 쓰고 또 쓰고, 신춘문예에 자꾸 낙방하고, 문예지 추천도 안 되고 하면서 저의 재능에 끝없이 회의했습니다. 그 회의가 없다면 사람일 수 없고, 발전도 있을 수 없겠지요. 그리고 그런 낙방들은 실패가 아니고 수련이고 단련입니다.

흔히 얘기하는 교훈 중에 '대기만성(大器晚成)'이라는 말이 있지요? 국어사전에서는 "큰 그릇을 만드는 데는 시간이 오래 걸린다는 뜻으로, 크게 될 사람은 늦게 이루어짐을 이르는 말."이라고 풀이합니다. 이 뜻풀이는 글자의 의미에 충실하고 있습니다. 여기서 '만성'은 '오래 걸린다'는 뜻만이 아니라 '오래도록 노력해야만 한다'는 의미도 담고 있지요. '크게 되려면 오래 노력해야 한다', 저는 저의 재능보다 노력을 더 믿었습니다.

　조정래 작가의 문학관은 전남 벌교의 '태백산맥문학관'과 전북 김제의 '아리랑문학관' 두 곳이 있다. 한 작가의 각기 다른 작품으로 문학관이 세워진 것 또한 우리나라에선 유례가 없는 일이다. 최근에는 전라남도 고흥에 '가족문학관'도 개관했다. 조정래 작가, 아내 김초혜 시인, 아버지 조종현 시조 시인의 작품을 모은 문학관이다. 한 작가를 기념하는 세 개의 문학관이 세워진 것이다.

　벌교는 조정래 작가의 의식 속에서 전쟁 공포로부터 자신을 지켜 준 편안하고 따뜻한 곳이다. 비록 3년밖에 살지 않았지만 그의 육신과 문학의 고향이 벌교다. 여수 순천 사건으로 온 가족이 몰살당할 뻔한 기억을 등지고 자리 잡았던 곳이고, 이 기억 덕분에 우리는 『태백산맥』이라는 걸출한 작품을 만날 수 있었다.

젊은이들이 자신을 발견하고
스스로 희망을 품기를

촛불 집회로 대통령이 바뀌었습니다. 대작가에게 현실 정치 문제를 여쭤어도 될까요?

지지난 대선 때, 자기 친구가 박근혜 캠프의 홍보 책임자로 있다는 문화평론가가 저한테 한 말씀만 해 달라고 부탁한 적이 있어요. "그 사람은 얼굴은 어머니고, 마음은 아버지기 때문에 어떤 말을 해도 소용이 없어." 하며 사양했습니다.

그런데 자꾸만 부탁하기에 어쩔 수 없이 두 가지를 말해 줬습니다. "첫째, 경제를 살린다고 말하지 마라. 박정희 시대가 아니고 국민소득 2만 5천 불 시대니까 경제는 자기 맘대로 굴러간다. 대통령이 어떻게 할 수 있는 문제가 아니다. 대신 통일 문제를 풀어 가라. 김대중, 노무현 대통령이 닦아 놓은 길을 따라가 물꼬가 트이면 통일 대통령으로 역사에 남을 것이다. 둘째, 아버지를 능가하려면 그 반대로 하면 성공한다. 아버지가 유신 독재를 했으니까 국민들에게 시위와 집회의 자유를 100% 보장해라."

그런데 정반대로 해 버렸잖아요? 개성 공단 폐쇄하고 사람들을 잡아넣었습니다. 그래서 저는 정치인들한테 이제 한 말씀 안 합니다. 두어 사람 해 줬는데 안 듣더라고요. 허허.

조정래   **85**

젊은이들이 많이 어려워하고 있습니다. 청년들에게 한 말씀 해 주시지요.

하고 싶은 일을 마음껏 해 보라는 말씀을 드리고 싶어요. 이 세상 모든 일에 대해 각자가 하고 싶은 마음이 절로 동해야 합니다. 배고플 때 밥을 먹고 싶은 마음과 같은 것이지요. 그렇게 마음이 동하는 일이 있으면 망설임 없이 그 일을 직업으로 삼으세요. 그러면 실패가 없고, 후회가 없고, 생애가 행복합니다. 단, 사람에 따라서 그 발견의 시기가 다를 뿐, 누구나 한 가지 일에는 마음 동하게 되어 있습니다.

지금 우리가 사는 세상에는 2만 5천 가지가 넘는 직종이 있고, 하늘은 사람마다 그중 한 가지씩을 잘할 수 있는 능력을 주어 이 세상에 점지해 주셨습니다. 그 능력을 재능이라 해도 좋습니다. 그 발견은 부모가 하는 것이 아니라 자기 자신이 하는 것입니다. 몇 번씩 되짚어 보고 점검해 보아도 그 발견이 틀림없다고 확인되면 과감하게 그 길로 가야 합니다.

부모의 우격다짐이나 고집에 밀려 인생길을 시작하면 십중팔구 후회하고 회한을 갖게 됩니다. 부모가 자식의 인생에 마구잡이로 개입하는 것은 지나친 욕심과 탐욕 때문입니다. 내 자식만은 남들보다 잘되어야 한다는 욕심과 잘되게 만들고 말겠다는 탐욕, 그게 결국 자식을 망치는 첩경이지요. 오늘날 나라를 망조 들게 하는 사교육 열풍과 영어 교육 광풍도 그 욕심과 탐욕의 결과 아닌가요?

인생의 선택을 앞둔 젊은이 여러분, 부모의 지나친 개입을 단호히 거부하십시오. 여러분은 부모의 소유물이 아니며, 노예는 더구나 아닙니다. 여러분은 여러분만의 개성과 능력을 지닌 인격체며 독립체입니다. 그렇다고 건설적인 상의나 이성적인 충고, 사려 깊은 조언까지 묵살하라는 건 결코 아닙니다. 부모는 나를 제외하고 나를 가장 사랑해 주는 존재며, 앞서 인생살이를 경험한 더없이 좋은 교사이기도 합니다. 인생길의 선택 앞에서 현명하게 분별하시기 바랍니다.

한 말씀 더 드리면, 요즘 젊은이들이 말하는 '헬조선'이라는 말이 저는 일리가 있다고 생각합니다. 하지만 그게 전적으로 기성세대 책임이라고만 할 수는 없습니다. 기성세대는 전쟁의 잿더미 위에서 오늘을 만들어 내느라고 40년 동안 하루 12~14시간씩 일하며 자신을 희생해 온 세대입니다. 『한강』이 그 이야기잖아요? 그러다 보니까 국가도, 국민도, 놓친 것이 많습니다. 윤리, 도덕, 가치관, 인성, 배려의 문제 등등. 그런 가운데 경제 성장이 둔화되니까 일자리가 줄어들었고, 살 만하니까 3D 노동은 외국인들한테 맡긴 지 30년이 되어 가잖아요? 그러니까 이게 모두의 책임이지 기성세대만의 책임은 아니에요. 남에게 잘못을 떠넘기는 건 하질의 인간이 하는 짓이에요. 지금 매우 어렵겠지만 당장의 어려움이 인생을 결정하는 건 아니잖아요? 희망을 가지고 새로운 가치를 만들어 내세요. 절망이 절망을 낳지 않도록. 인생은 희망이니까요.

조정래

평화 통일로 가는
계단을 놓는 일

15년 전, 인터뷰어는 리영희 교수, 조정래 작가 등과 전세기 편으로 북한을 방문해 백두산 천지에 오른 적이 있다. 6월 중순쯤이었는데, 우리는 3대가 공덕을 쌓아야 볼 수 있다는 백두산 천지를 구름 한 점 없는 맑은 날씨 속에서 명징하게 보는 기회를 얻었다. 조 작가는 그 당시 얘기를 꺼내자 "천지에서 버스를 타고 개마고원으로 하산할 때 온갖 들꽃이 만발한 개마고원 능선에서 자리를 깔고 점심을 먹던 기억이 새롭다."라며 상세한 기억을 털어놓았다. 그런 그에게 북핵 문제로 다시 긴장이 높아졌다가 평창동계올림픽 단일팀 구성 등으로 대화 국면에 들어간 남북 관계와 통일 문제에 대해 물었다.

조정래 작가는 남북 긴장 완화에 평창동계올림픽이 상당히 중요한 계기가 될 수 있을 것으로 기대하고 있었다. 1988년 서울올림픽이 전두환의 정권 연장 기도에서 유치 작업이 시작됐지만 결과적으로 세계에 우리나라를 알리는 중요한 계기가 된 것처럼, 평창동계올림픽도 남북한 관계의 물꼬를 트는 데서 나아가 다시한번 대한민국의 저력을 세계에 알릴 수 있는 좋은 기회라고 했다. 또, 그렇게 쓰는 돈은 낭비가 아니라 통일 비용이라고 덧붙였다. 평화 통일로 가는 계단을 놓는 셈이라는 것이다. 15년 전보다 오히려 더 젊어진 조정래 작가의 다음 작품을 기대해 본다.

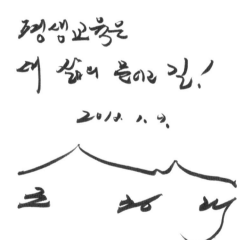

도정일

인류 문명의 위기가
다시 불러온 인문·교양교육

도정일 ● 인문학자, 전 경희대학교 후마니타스칼리지 대학장

1941년 일본에서 태어나 다섯 살 때 귀국했고, 50년대 한국 전쟁을 겪으며 어린 시절을 보냈다. 전쟁 막바지, 누구나 목숨 부지하는 일에 매달려야 했던 그 시절 소년 도정일도 신문팔이, 가게 점원, 행상 등의 일을 하면서 고단한 세월을 이겨 내야 했다. 그러나 그 시절의 경험이 후일 그의 삶에 마냥 무의미했던 것은 아니라고 그는 회고한다.

경희대학교 교수 시절, 인문학적 가치를 중심에 두는 교양교육을 살려야 한다는 생각으로 '후마니타스칼리지'를 설립해 사회에 큰 반향을 불러일으켰다. 경희대에서 영문학을 전공했고, 동양통신 외신부장, 영문학 교수, 대통령자문정책기획위원, 문화개혁시민연대 공동대표, 경희대 후마니타스칼리지 대학장 등을 역임했다. 독서 운동 단체인 책읽는사회만들기 국민운동을 일으켜 인문학적 삶의 토대를 사회적으로 다지는 일에도 기여했다.

『시장 전체주의와 문명의 야만』, 『쓸데없이 고귀한 것들의 목록』, 『별들 사이에 길을 놓다』, 『시인은 숲으로 가지 못한다』, 『대담: 인문학과 자연과학이 만나다』(공저) 등을 썼으며, 소천비평문학상, 현대문학 비평상 등을 받았다.

2018년 3월 23일 오후, 약속 장소인 도정일 교수 자택 근처의 카페에 들어서자 미리 와 있던 도 교수가 손을 내밀며 특유의 조용한 미소를 짓는다. 짙은 감색 콤비에 자주색 태터솔 체크 무늬 남방을 받쳐 입고 검게 염색한 머리카락을 정갈하게 빗어 내린 그의 표정에서는 원로 인문학자의 딱딱한 위엄 대신 은퇴한 시골 초등학교 교장 선생님이 풍길 법한 인자함이 묻어났다.

　　경희대 후마니타스칼리지에 대한 질문을 시작으로 "인류에게 미래는 있나?"라는 도발성 물음을 거쳐 "인생은 그런대로 살 만한 것이냐?" 하는 실존적 질문에 이르기까지, 그는 특유의 차분하고 낮은 어조로 차곡차곡 답변을 이어 갔다. 우리나라에서 우리글을 가장 논리적이면서 가장 아름답게 구사하는 것으로 정평이 나 있는 글쟁이답게 그의 말은 시종 잘 다듬어진 한국어 문장을 소리 내어 읽는 듯했다.

시장 전체주의에 맞설 실천,
후마니타스칼리지

경희대 후마니타스칼리지에 대한 질문으로 시작하는 게 좋을 것 같습니다. 후마니타스칼리지 설립을 주도하셨지요? 처음 생길 때와 지금은 어떻게 달라졌습니까?

2011년에 경희대 후마니타스칼리지가 출범했습니다. 설립을 주도한 것은 경희대 조인원 총장이었어요. 나는 옆에서 그냥 도우는 일만 했습니다. 그러나 학교가 야심차게 출범하는 통에 내심 걱정이 많았습니다. 대학에 새로운 교양교육 체제를 출범시키다 보니까 이런저런 기치들도 내걸었는데 혹시 일이 잘못되거나 중도에 엎어지면 어쩌나 걱정이 많았지요. 총장도 그랬고 나도 그랬어요. 조인원 총장은 학교가 사회적으로 약속한 일이 성공할 수 있도록 총장으로서 모든 일을 다 하겠다고 약속했어요. 그는 지금도 그 약속을 지키고 있습니다.

'후마니타스'(humanitas, '인간' 또는 '인간성'을 뜻하는 라틴어)라는 용어를 처음 쓰고, 어떤 새로운 형태의 인간성 교육이 필요하다고 일찍 생각했던 분은 조인원 총장의 선친인 고 조영식 총장이었습니다. 그분은 이미 1974년에 후마니타스라는 용어를 썼더군요. 저희는 후마니타스칼리지를 출범시키고 난 뒤 그 사실을 알게 됐고요. 조영식 총장의 생각이랄까, 유훈이 어렴풋이나마 대학에 전해지고 있었던 것이지요.

저는 2011년부터 4년간 후마니타스칼리지 대학장을 지냈고 2015년 봄에 퇴임했습니다. 사실 대학에서 정년 퇴임한 것은 2006년인데,

퇴임 5년 후인 2011년 조인원 총장의 요청을 받아 후마니타스칼리지 대학장으로 재취업했다가 2015년에 다시 퇴임한 거지요. 그러니까 저는 대학에 두 번 취임하고 두 번 퇴임한 셈입니다.

후마니타스칼리지 설립 당시는 시장 전체주의가 대학에까지 관철되고, 학문의 영역까지 마구잡이로 침범해 들어오던 때 아닙니까? 그런 엄혹한 시기에 그걸 극복하기 위해 노력했다는 것 자체가 엄청난 일이 아닐 수 없는데요.

정확하게 평가해 주셔서 고맙습니다. 우리가 그냥 '시장'이라고 부르는 것과 제가 '시장 전체주의'라고 부르는 것은 같지 않아요. 시장은 경제 체제이고, 이 체제의 논리, 가치관, 사고방식이 사회 모든 영역을 장악해서 지배하는 것이 시장 전체주의죠. 하버드대학의 마이클 샌델 교수는 『돈으로 살 수 없는 것들』이라는 책에서 '시장'과 '시장 사회'를 구별했는데, 그가 시장 사회라고 부른 것이 도정일식 표현으로는 시장 전체주의 사회입니다.

시장 근본주의적 사고가 한국에 들어와서 경제만이 아니고 문화, 교육, 언론 등 광범한 사회 영역들을 접수하고 지배하기 시작한 지 벌써 오래됐습니다. 인문학자들이 대체로 동의하겠지만, 시장 제일주의, 시장 근본주의로는 교육도 안 되고, 사회도 지탱할 수 없어요.

학문과 대학, 교육의 영역에서만이라도 시장 전체주의를 막아야 된다는 것을 몸소 실천하신 셈이네요. 후마니타스칼리지 대학장으로 있으면서 조금 부족하다고 여기시거나 후회되는 건 없었나요?

대학 교양교육의 방향을 잡는 일은 학생들만 설득해서 되는 게 아닙니다. 교수와 직원 등 대학 구성원들을 설득해야 하고 학부모들도 설득할 수 있어야 합니다. 사회를 설득해 공감을 얻어 내는 일도 중요하지요. 인문·교양교육이 지금 이 시대에 왜 중요한가라는 문제의식을 사회적으로 넓게 확산시키는 일이 가장 어려웠습니다. 심지어 대학 동료 교수들도 우리가 하려고 했던 일을 잘 이해해 주지 않더군요. 사실 그것도 시장 전체주의의 영향이라고 할 수 있지요. 졸업 후 어디에 어떻게 취직할까 같은 걱정들이 학생들을 사로잡고 있는 시대에 인문교육이나 교양교육을 강조하는 일은 절대로 쉽지 않습니다. 그런 분위기는 지금도 많은 대학에서 마찬가지일 겁니다.

솔직히 말하면, 비인문계 교수의 80%는 인문·교양교육의 이상과 목표에 동의하지 않습니다. 경희대도 애를 먹었지요. 그래서 총장이 크게 결심한 겁니다. 학교 안에서 아무리 저항과 반발이 심하더라도 끝까지 밀고 나가 보자고. 총장이 그런 결심을 가지고 밀어붙이지 않았더라면 아마 출발도 못 했을 것이고, 출발 이후에도 지탱하기 어려웠을 거라고 생각합니다. 지금까지 유지하는 걸 보면 잘하고 계신 것이지요.

4차 산업 혁명 시대,
더 절실해지는 인문·교양교육

후마니타스칼리지는 우리 시민 사회와 평생교육에도 적지 않은 영향을 주었습니다. 대학에서도 저렇게 반발을 극복하고 열심히 하는데, 대학 밖에서 평생교육이라는 걸 하는 우리도 해 봐야 하지 않겠냐 하는 것이지요. 요즘 1~2년 사이에 4차 산업 혁명 이야기가 많이 나오고 있습니다. 선생님께서 보시기엔 4차 산업 혁명이 실제로 오는 것 같습니까? 혹시 신기루는 아닙니까?

신기루는 아닌 것 같습니다. 이미 4차 산업 사회적 특성들이 사회생활의 영역에, 사람들의 삶에 두루 퍼지고 있으니까요. 어찌 보면 이미 들어와 있다고 봐야지요. 인공 지능 산업과 로봇이 대표적인 것들이죠.

그런데 4차 산업 혁명의 도래로 제기되는 문제들을 진중하게 가려 보고 따져 보고 생각해 보기도 전에 기술 변화를 따라가야 한다는 생각이 한국 사회에 너무 빨리 퍼졌어요. 기술 변화는 반드시 어두운 그림자를 수반합니다. 긍정적인 국면 못지않게 부정적이고 파괴적인 국면들도 전개되지요. 예컨대 인공 지능은 행복한 기술만은 아닙니다. 지금은 가짜가 진실을 압도하고 가짜 뉴스와 가짜 현실이 사회를 삼키는 시대가 되었어요. 이 문제는 4차 산업 혁명의 기술만으로 해결할 수 없습니다.

중요한 것은 인간이 결코 포기할 수 없고 포기해서는 안 되는 가치들이 있다는 것을 사회가 망각하지 않는 일입니다. 이를테면 '진실', '인간성'(humanity)이 그런 가치입니다. 이런 가치들이 함몰되면 사회는 신뢰의 파탄이라는 커다란 위기를 만나게 됩니다. 인문교육과 교양교육의 핵심이 바로 가치교육이죠. 변화에 휘둘리는 시대일수록 사회는 인간이 지키고 유지해야 할 가치가 무엇인지 잘 인식하고 있어야 합니다.

선생님 말씀에 따르면 이미 와 있을지 모르는 4차 산업 혁명 시대야말로 인문학이 모든 교양교육의 중심에 서야 된다는 것이지요?

맞습니다. "교양교육이란 것이 대학에 반드시 필요한가?"라고 묻는 사람들이 많습니다. 심지어 교수들 중에도 그런 사람들이 있죠. 완전히 틀린 생각입니다. 교양교육은 전공이 무엇이냐에 관계없이 대학에서 반드시 거쳐 가야 하는 필수 과정입니다. 교양교육 자체가 취업교육의 바탕이고 실업교육이니까요.

직업교육, 기술교육 다 중요하지만, 교육의 목표나 내용이 거기에만 가 있으면 안 됩니다. 그러면 교육 자체가 성립되지 않아요. 교육은 왜 있는가, 무엇을 위한 교육인가라는 질문을 놓치면 안 됩니다. 우리 사회는 지금 4차 산업 혁명의 프로파간다에 너무 휩쓸려서 반성, 성찰, 비판이 실종됐습니다. 거대한 변화가 몰려오는 시대일수록 변화의 내용, 변화의 방향을 점검해야 하고, 문제가 무엇인지를 정확히 알아보려는 사회적 노력이 필요하지요.

생존·의미·윤리의 요청에
응답하는 교육

제도 안에서 인문학을 해 오셨는데요, 제도 밖에서의 평생교육, 지금 한
국 사회의 평생교육은 무엇을 지향해야 한다고 생각하십니까?

평생교육에는 세 가지 차원이 있다고 생각합니다.

첫째, 먹고사는 문제를 해결하기 위한 교육. '생존의 요청'에 따라
필요한 기술교육, 직업교육 같은 것들입니다. 그런데 그것만으로는
안 됩니다. 직업교육은 다른 차원의 교육이 따라붙지 않으면 위험에
빠질 수 있다고 저는 확신합니다.

둘째, 그 다른 차원의 교육이 '의미의 요청'에 답하는 교육입니다.
내게 돈이 많다 해서 내 삶이 자동적으로 의미를 획득하는 것은 아
닙니다. 내게 돈은 왜 중요한가? 돈은 내 삶을 의미 있게 하는가? 이
런 질문을 만들고 비판적으로 생각해 볼 줄 아는 능력을 기르는 일은
돈 버는 능력 못지않게 필요합니다. 경제적으로 성공했지만 자살하거
나 극단적인 선택을 하는 사람들이 있지 않습니까? 그런 극단적인 경
우가 아니라 할지라도 경제적으로 성공했는데도 전혀 행복하지 못한
사람들도 많습니다. 나의 삶이 행복하지 않다고 여기게 되는 일, 곧
행복감의 결여는 삶에 의미를 줄 수 없을 때 발생합니다. '의미의 요
청'을 존중해야 할 이유지요.

셋째, '윤리의 요청'에 대해 응답하는 교육이 있습니다. 윤리의 요청
은 타인들과 내가 어떤 관계를 맺으면서 살아가야 하는가, 타인에 대

한 나의 책임과 의무는 무엇인가, 이런 질문에 답을 주는 교육입니다. 지금 우리 시대의 교육에서 크게 빠져 있는 것이 타자에 대한 나의 책임 부분입니다. 내가 왜 저 사람과 같이 살아야 하는가? 왜 우리는 공동체를 만들어서 함께 공존의 삶을 도모하지 않으면 안 되는가? 이런 질문을 던지고 타자와의 공존을 도모하는 교육이 필요합니다.

'생존의 요청, 의미의 요청, 윤리의 요청', 이 세 가지가 시민교육의 요체라고 저는 생각합니다. 시민교육은 민주 공화국의 시민에게 요구되는 기본 능력을 계발하게 하는 교육이죠. 앞서 말한 세 가지 요청에 응답하는 능력은 시민의 기본 능력에 해당합니다.

어느 자리에서인가 헌법 교육의 필요성을 강조하셨습니다. 개헌이 요즘 정치권의 큰 화두인데요, 청와대에서 발표한 개헌안은 보셨습니까?

네, 봤습니다. 이번에 나온 청와대 개헌안은 상당히 생각을 많이 한 것처럼 보이더군요. 환영할 만한 부분도 적지 않고요. 개헌안이 권력 구조 개편 정도에서 끝나지 않고 근본적인 질문들을 담고 있어서 좋았습니다. 가령 시민교육이라고 할 때, '시민'이 '국민'과 어떻게 다른가, 이런 질문이 가능한데, 특히 '국민'과 '사람'을 분리시킨 것은 의미 있는 시도라고 생각합니다. 우리는 대한민국 국민이지만 국민이기 이전에 사람이거든요. 다른 나라 사람들과 구별하기 위해 국민이라는 개념이 필요하지요. 국가 정체성에 따라서 우리의 정체성을 규정하는 것이 국민이잖아요? 그러나 생명, 자유, 평등 같은 기본적이고 본질적인 권리는 어느 나라 국민인가에 관계없이 사람이라면 누려야 할 기본 권리입니다. 국민은 국민이면서 사람이고, 외국인은 국민이 아니지만 사람이죠.

평생교육에서 이제 헌법 교육을 해야 할 때가 된 것 같습니다. 헌법을 법률적으로 설명하는 것을 넘어서 방금 말씀드린 것처럼 사람으로서 우리가 향유해야 할 기본적인 권리는 무엇인가, 그건 왜 국경을 떠나서 보편적이고 본질적인 측면을 갖는가, 경제 평등은 왜 중요한가, 지금의 평생교육이 이런 문제들을 좀 더 깊이 생각할 수 있도록 확장되어야 하는 게 아닌가, 그런 생각을 해 봅니다.

도정일

요즘 '문송합니다'라는 신조어가 있는데요, 문과라서 죄송하다는, 취직이 어려운 문과생들이 자조적으로 하는 말입니다. 인문학의 멘토로서 이런 젊은이들에게 해 주실 말씀을 부탁드립니다.

저는 대학교육이 문과 학생들을 대상으로 꼭 들려줘야 할 얘기가 있다고 생각합니다. 같은 이야기의 반복이 될지도 모르지만, 대학교육의 가장 중요한 부분은 어떤 직업 영역을 지망해야 되는가, 어떤 영역에서의 기술을 터득했는가 하는 데만 있는 것이 아닙니다. 문과이건 아니건 간에 대학이라는 교육과정을 거친 사람이 반드시 체득하고 있어야 할 기본 능력과 가치관이 없으면 인생의 좌표를 만들기 어렵습니다. 무엇이 삶의 기본적 가치인지를 판별할 수 있도록 돕는다는 점에서는 어떤 학문 영역보다도 인문학 분야의 교육은 강력합니다.

희망이 없으니 변화를 시도하자

오래전부터 선생님께 여쭙고 싶었던 질문인데요, 인류한테 희망이 있습니까?

외교적 언사를 써야 할 답변과 내심으로부터 나오는 답변이 따로 놀아야 할 것 같은데요? (웃음) 내심을 이야기하자면 저는 솔직히 인류의 미래에 대해서 낙관을 갖고 있지 않습니다. 미래가 없다고 생각하는 쪽에 가깝지요.

다만 이런 건 있습니다. 지금 인간을 둘러싸고 있는 생존 환경이나 문명의 방향이 비관적이긴 하지만, 그럼에도 우리가 기운이 빠져 나동그라져 있으면 안 된다. 아무리 사소한 시도라 해도 우리가 사는 방식에 변화를 시도해야 한다, 이런 생각은 포기하고 싶지 않습니다.

인류한테 미래가 없다고 생각하시는 이유는 뭔가요? 인간의 탐욕 때문입니까?

인간의 욕망은 자연 현상인데 이 욕망이 사회적으로 확산되고, 자극되고, 무한히 확대될 때에는 탐욕이 되어 버립니다. 무한 탐욕이 가져올 것은 인간의 종말이고 문명의 끝이죠. 지금 인류에게 주어진 큰 질문, 즉 "너희가 탐욕을 억제할 수 있겠는가?" 이에 대해 저는 솔직히 비관적입니다. 그래도 인간이기 때문에 아무 대책 없이 그냥 포기하고 주저앉아 있을 수는 없다는 그런 어정쩡한 생각을 갖고 있지요.

지금 인간 문명은 지구에 살고 있는 인간에게만 영향을 주는 것이 아니라 지구 환경 전체에, 그리고 우주에까지 영향을 주고 있습니다. '인류세'라는 말이 있지요? 지질학자들이 인간 문명이 지구 환경에 끼치는 영향을 말하기 위해 지질학적 연대로 '인류세'(Anthropocene)라는 개념을 도입했습니다. 지금까지 우리는 인간이 잘 먹고 잘 사는 문제에만 초점을 맞추느라 인간의 지구적 운명에 궁극적으로 영향을 줄 수 있는 문제들, 예컨대 다른 생물체들과 인간의 관계, 기후 변화와 문명의 미래, 생물종들의 멸종 같은 문제들을 인간의 미래와 연결 지어 생각하는 데 소홀했습니다. 사정은 달라지고 있습니다. 인간의 운명은 지구 문명의 운명과 분리되지 않지요.

인간이 지구 문명을 유지할 수 있을까라는 질문은 인문학의 사고의 배경에, 사회과학과 문화, 정치와 경제의 배경 사고로 들어와야 할 겁니다. 교육과 시민 의식 속으로도 들어와야 하고요. 지구 문명이 지금 어떤 위기에 처해 있는가를 교육이 논하고, 가르치고, 생각할 수 있어야 합니다.

공감 능력을 키우는 인문학이
민주주의 교육의 요체

선생님의 작업 중에서 '동물을 연구하는 인간' 최재천과 '인간을 연구하는 동물' 도정일의 『대담』이 큰 반향을 불러일으켰는데요. 그 책에 보니 "인문학적 삶의 여러 방법 가운데 첫 번째는 타인을 향해 가슴을 여는 삶이다, 자기 존재의 좁은 울타리를 넘어서는 삶이다, 그래야 타자가 들어오고, 자기 존재가 자유로워진다."라고 하셨더군요.

최재천 선생과 했던 대담은 상호 침투, 혹은 서로 다른 두 학문 세계의 확장을 염두에 두고 진행되었지요. 융합교육이니 통합교육이니 하는 말들은 요란하지만 한국 교육에서 융합적 사고를 길러 주는 일은 아직 한참 더 필요합니다. 인문학이 자연과학과 상호 참조하고 상호 존중할 수 있는 문을 만들고, 문을 여는 것이 필요하다는 생각에서 진행되었던 것이 『대담』 프로젝트였습니다.

사회적으로도 사정은 마찬가지입니다. 우리 사회는 지금 지독한 편협성, 불용, 협소성, 혐오와 증오의 문화 속으로 빠져들고 있고 정치가 이 경향을 더 심화시키고 있어요. 협소하고 편협하고 옹졸한 인간을 부추기는 데 정치가 기여하고 있습니다. 입만 벌렸다 하면 막말 내뱉고 욕설로 쌈박질하는 거, 그게 지금 정치권의 모습 아닌가요? 정치권의 막말 문화가 젊은 세대의 언어 습관을 크게 타락시키지 않을까 걱정입니다. 소통 수단이 최고로 발달한 시대에 되레 지독한 불소통의 사회를 만들고 있는 것이 우리 사회의 역설 같아요.

교육의 궁극적인 목표 중 하나가 타자의 입장에서 생각할 줄 아는 능력을 함양하는 것입니다. 그게 바로 공감의 능력이죠. 인문학의 가장 큰 힘은 타자를 향해 내가 열리고, 내 가슴이 타자를 만나 열리는 일, 그래서 타자가 늘 내 사유의 세계 속에 들어올 수 있는 감성과 사고의 체제를 만들어 낸다는 데 있습니다. 인문학은 그래서 민주주의 교육의 요체입니다.

좋은 말씀 감사합니다. 끝으로 요즘 읽고 계신 책이나, 독자들에게 추천해 주실 만한 책이 있다면 소개해 주시지요.

시카고대학 철학자 마사 누스바움의 책 『인간성 수업』과 『역량의 창조』 두 권입니다. 『인간성 수업』은 인문학, 고전교육, 토론, 성찰 등 지금 이 시대가 결하고 있는 인간성 궁핍화의 문제를 논한 책입니다. 원문판은 나온 지 꽤 되었지만 국역판은 최근에야 나왔어요. 다른 한 권도 누스바움의 책 『역량의 창조』입니다. 현대 세계에서 삶의 질을 높이고 사회 정의를 실현하자면 개인의 어떤 역량을 발전시켜야 하는가에 관한 문제를 다룬 책입니다. 기본 역량의 개발에는 경제 성장을 넘어 개개인의 '역량'(capability) 개발이라는 접근법이 필요하다는 주장이지요. 철학자 누스바움의 사회과학적 관심을 드러내는 역저입니다.

인터뷰를 마치고 밖으로 나왔을 때 초란 같은 온기를 선사하던 봄의 태양은 이미 뒷산 너머로 저물고 있었다. 그 틈을 타 다시 한기가 도시의 골목 사이로 슬그머니 내려앉고 있었다. 시대의 인문학자, 우리 시대의 교양인을 자처하는 도정일 교수는 지팡이에 의지한 채 다시 시대의 숲으로 돌아갈 채비를 하고 있었다. 그런 그가 다시 사람의 마을로 돌아와 후마니타스와 인문학을 노래할 때가 올 것 같다는 생각이 든 것은 바로 그때였다.

"시민교육의 본질 목표는 공화국의 시민을 길러 내는 일이다. 그런데 그 시민은 누구인가? 그에게는 어떤 능력이 필요한가? 이 것들을 생각해 볼 때 시민교육의 핵심은이다." 도정일

이순재

완성과 종결 없는 예술,
그리고 평생 배움

이순재 ● 배우

1935년 함경북도 회령에서 태어났다. 6·25 전쟁 당시 피란을 떠나 간 대전의 대전고 청강생 시절 '우발적'으로 연극 「햄릿」을 이웃 학교(충남여고) 축제에 올렸는데, 이때 경험이 이후 대학생 시절 연극 동아리를 조직하는 일로 이어졌다.

1954년 서울대학교 철학과에 입학해 1958년 졸업했다. 재학 중 영화에 깊이 빠져 3학년 때 연극반을 재건하고 1956년 연극 「지평선 너머」로 연기자의 길에 들어섰다. 이듬해 대한방송(HLKZ) TV 방송극으로 브라운관에 데뷔했다. 1964년 동양방송(TBC) 개국과 함께 전속 탤런트가 되었다.

1981년 고 이낙훈 의원의 선거 운동을 지원하며 정치계에 입문했다. 1988년 민주정의당 촉탁위원과 상임위원을 거쳐 1992년 서울 중랑구에서 제14대 국회의원을 지냈다.

1995년 KBS 드라마 「목욕탕집 남자들」로 연기에 복귀한 후 「허준」, 「보고 또 보고」, 「야인시대」, 「이산」 등 많은 히트작에 출연했다. 2006년 MBC 시트콤 「거침없이 하이킥」에서 과감한 연기 변신을 꾀했다. 여전히 드라마, 영화, 연극을 넘나들며 작품성과 대중성을 고루 갖춘 작품들로 시청자의 사랑을 받고 있다.

2011년부터 가천대학교 연기예술학과에서 후학을 양성하고 있고, SG연기아카데미와 EK티처(한국어교사원격평생교육원) 원장을 맡고 있다.

금요일 퇴근길, 교통 혼잡 탓에 약속 시간을 조금 넘겨 서울 대치동의 KT&G 상상마당 공연 대기실에 들어서자 미리 와 기다리던 80대 중반의 이순재 선생이 손을 뻗어 악수를 청한다. 늦어서 죄송하다는 말을 꺼내기가 무섭게 "죄송은 무슨 죄송? 이 나이에 찾아 주는 사람이 있으니 고맙지 뭘."이라며 특유의 호탕한 웃음을 터뜨린다. 미리 와 있던 인터뷰 팀한테 들으니 이 선생은 아이스 아메리카노를 한 잔 사 들고 약속 시간인 저녁 6시에 1분의 오차도 없이 약속 장소에 나타났단다.

　2018년 올해 나이 만 여든세 살. 나이가 무색하게 브라운관과 스크린, 연극 무대를 종횡무진하는 '직진 순재'를 인터뷰하는 일은 시종 즐거웠다. 거침없고 재치 있는 답변, 인생살이의 너른 폭과 삶에 대한 깊은 성찰이 포개지면서 빚어내는 지혜의 언어들은 인터뷰의 재미에 의미를 더해 주기 충분했다. 인터뷰는 2018년 5월 25일 저녁 6시부터 1시간여 진행되었다.

정치는 '행세'하는 게 아니라
'서비스'하는 것

많은 분이 '이순재'를 배우로 알고 있지만, 한때 정치를 하시기도 했지요?

제가 14대 국회의원을 했습니다. 20여 년 전이지요. 13대 때 첫 출마를 해서 700여 표 차로 낙선한 데 이어 14대 때 당선했으니 8년 동안 국회를 들락날락하면서 지역구 일을 한 셈입니다.

어떻게 정치판에 발을 들이게 되셨습니까?

11대 때 탤런트 이낙훈이가 문화계 대표로 비례대표가 됐어요. 이낙훈이하고는 친구 사이라 국회 들어가면 열심히 뒤를 밀어주겠다고 했더니, 기왕 하는 거 같이 들어가자 하더라고. 문화 예술 정책을 개발하고 국회에서 관련 법을 발의하면 성과가 있지 않겠느냐 싶어 같이 들어간 겁니다. 그런데 별 성과가 없었지요. 12대까지 중선거구제였던 국회의원 선거 제도가 13대에서 소선거구제로 됐어요. 그랬더니 중앙당에서 어디 나가고 싶은 데 없냐고 물어보는 거야. 나는 이북 사람(함경북도 회령 출생)이라 특별한 연고도 없었지. 그러자 달동네인 서울 중랑구 갑에 내 이름을 떡하니 올렸더라고요. 후보 공천이 되고 살펴보니까 개천 복개 공사며 도로 닦는 거며 전부 중랑구 갑 지역인 면목동 앞에서 끊어지는 거야. 이 동네는 버리는 동네다 싶었지요. 그래서 더더욱 주민들을 열심히 만나면서 더 열심히 이야기를 듣고 다녔습니다.

그렇게 열심히 했는데도 첫 선거에서 낙선하셨지요?

그렇지요. 13대 때 정확하게 759표 차이로 떨어졌습니다. 천 표 차이만 났어도 손 털고 나왔을 텐데, 700여 표 차이니까 아깝더라고. 그래서 다음 14대 총선에도 나갔고, 3천800표 차이로 압승했지요. 그땐 내가 「사랑이 뭐길래」에서 대발이 아빠 역을 하던 때거든. 얼굴이 팔린 사람이니까 후진적 정치를 할 수 없었고, 선거도 아주 모범적으로 치렀지요.

지금도 중랑구에 가면 주민들이 그렇게 선생님을 반가워한다면서요?

그럼요. 선거는 고개 뻣뻣이 들고 다녀서 되는 게 아닙니다. 지역민이 "우리 식구다." 하는 친밀감을 느껴야 당선되는 것이지요. 내가 정치를 하면서 딱 하나 배운 게 겸손입니다. 정치는 '행세'하는 게 아니라 '서비스'라고, 지금도 누누이 말하고 다녀요. 만약 비례대표로 시작했다면 편하게 정치를 했을 텐데 지역구를 주는 바람에 철저하게 겸손에 대해 배울 수 있었지요.

재래시장에 가면 생선 파는 아주머니들과 악수를 하는데, 손 내미는 것만 봐도 내 편인지 아닌지 알 수 있어요. 내 편은 고무장갑을 벗고 손을 내밉니다. 아닌 편은 생선 썰던 고무장갑 낀 채로 손을 내밀지요. (웃음) 그래도 그렇게 다니며 악수하면서 친해지면, 표는 안 찍어도 욕은 안 합니다. 선거가 끝나면 밥 먹으러 오라고 초대도 하고요.

1996년에 국회의원 임기가 끝난 뒤에도 5년간 그 지역에서 문화원장을 하셨지요?

예, 문화원장을 하고 나서도 6년간 사회복지협회장을 했는데, 다 이렇게 바탕이 있었으니까 그렇게 할 수 있었습니다. 모두 11년을 한 셈인데, 업무 추진비 한 푼 안 쓰고 내 돈 쓰면서 봉사하는 정신으로 왔다 갔다 하며 서비스한 겁니다.

참으로 모범적으로 정치를 한 셈인데, 요즘 젊은 정치인들에게 하고 싶은 말씀이 많으시겠습니다.

할 말이야 많지요. 사실 요즘의 정치 행태는 옛날부터 내려오던 구태를 그대로 반복하는 거예요. 지금은 이념의 갈등, 영호남의 갈등이 없는 시대잖아요? 유전적으로 내려오는 악습의 잔재가 아직 남아 있는데, 어느 시점에서 끊느냐가 문제입니다. 우리의 역량을 하나로 능동적으로 결집시켜야 해요. 선배들은 사분오열 때문에 망했는데, 그건 오랜 역사를 통해 경험적으로 배운 피해 의식에서 오는 생존을 위한 교훈이었단 말이에요. 여기 붙고 저기 붙는 건 살기 위해서였단 말이지요. 사실 그것도 국가 리더들이 극복할 수 있었는데, DJ와 YS가 갈라서면서 극복할 기회를 놓친 겁니다.

이제는 그런 이념의 갈등이 아니라 잘 먹고 잘 사는 것, 다들 동일한 목표를 가지고 가는데, 다만 방법의 차이가 있을 뿐이에요. '나는 맞고, 너는 틀리다'가 아니라 누가 더 잘하느냐의 경쟁이 되어야지요. 세련미를 가지고 구태를 날카롭게 끊어 내야 합니다. 젊은 정치인들이.

철학과에서 배운 인내심이
배우의 밑천으로

몇 년 전에 도발적 인터뷰로 '우리 시대의 진짜 어른'으로 떠오른 채현국 선생님을 인터뷰했습니다. 선생님과 서울대 문리대 철학과 동기라고 하시던데요? 함께 서울대 연극반을 재건했다는 말씀도 하시고요.

아, 그『다들』에 실린 채현국이 인터뷰는 내가 읽었어요. 채현국이

는 나랑 자꾸 동기라 그러는데, 사실 나보다 한 살 어립니다. (웃음)

3학년 때 연극반을 재건했는데, 원래 있던 연극반을 대학 본부에서 해산시켜 버렸던 모양이에요. 예산 남용 때문이었다는데, 남용이 아니라 예산 정리를 잘못한 거야. 결산할 때 급해서 계란을 150개나 먹었다고 처리하는 바람에……. (웃음) 그걸 알아보고 다시는 그런 일 없게 하겠다며 내가 대학 본부 가서 각서를 쓰고 연극반을 재건했지요. 문리대뿐만 아니라 사범대, 미대, 치대 등에서 연극에 관심 있는 학생들이 다 함께했어요. 권오일, 이낙훈 등이 주축이었는데, 그중에 현국이도 있었지.

이제 본업 얘기를 좀 나누시지요. 배우로서 선생님의 개인사를 여쭙고 싶습니다. 학벌 얘기라서 말씀드리긴 뭣하지만, 서울대 나와서 배우 하는 게 지금도 일반적인 일은 아니거든요. 가족의 반대가 심하지 않았나요?

반대요? 말도 못 했습니다. 그때는 배우라 그러면 90%가 반대하는 직종이었지요. 제가 서울고를 다니다 한국 전쟁 때 피란 가서 대전고에 다녔는데, 서울대 정치학과에 시험을 쳐서 첫해에는 떨어졌어요. 그때도 정치학과는 워낙 점수가 높은 과여서 한 해 재수한 뒤에는 철학과에 원서를 냈습니다. 턱걸이로 붙었는데, 철학과에 들어가 보니 칸트 철학의 대가 고형곤, 헤겔 변증법 강의로 유명한 박종홍 등 유명한 교수님이 줄줄이 계셨어요. 박종홍 교수님은 헤겔 변증법 강의를 8년간 하셨는데, 철학과 학생들뿐 아니라 다른 학교 철학과 강사, 선생 들이 청강을 하러 와서 언제나 좌석이 꽉꽉 찼어요. 이분들 체취

만 4년 맡고 나가도 보람이 많겠다 생각했습니다. 고형곤 교수님이 늘 이렇게 말씀하셨어요. "4년 공부했다고 철학을 알아? 아니야, 이제 겨우 어려운 책을 읽을 수 있는 인내심을 기른 거야." 사실 그분들 덕에 인내심을 배워 배우를 할 수 있게 된 겁니다.

당시 배우는 밥벌이도 어려운 직업 아니었나요?

그렇습니다. 배우 해서는 도저히 생활이 안 됐지요. 처음에 연극을 10여 년 할 동안은 돈을 한 푼도 못 벌었어요. 그래서 먹고살려고 TV 쪽으로 갔지요. TBC가 창립하자마자 창립 멤버, 지금으로 치면 전속 탤런트로 갔는데, 월급을 2만 원 주더라고. 한 달에 2만 원 주면서 서른한 편을 시켜 먹더라고. (웃음) 그래도 그 정도면 생활의 기반이 되었어요. 그러다가 1967년쯤에 출연료 체제로 전환됐고, 1980년에 언론 통폐합할 때까지 TBC에서 전속으로 17년 동안 일했습니다.

그런데 TV에 나오니까 영화계에서 부르기 시작하는 거야. 원래 난 대학 시절부터 외국 영화들 엄청 보면서 연기를 꿈꿔 왔는데, 살다 보니까 영화가 가장 나중에 나를 부른 겁니다. 사실 영화는 기다림의 예술인데, TV는 시간에 맞춰 찍어야 되거든. 우리가 영화판으로 가서 한없이 기다리는 풍토를 뒤집어 놓았지. (웃음)

118

완성이나 종결이 없는
연기의 길

단도직입적으로 묻겠습니다. 배우 된 거, 후회 안 하십니까?

나는 애초에 재능이 있거나 출세를 하려고 연기를 한 게 아닙니다. 어차피 내가 좋아서 한 거지. 어릴 때부터 나한테는 돈 버는 재주가 없다는 걸 직감했거든. 그래서 동생한테 부모님은 네가 모셔라 하고는 동생에게 상과대학에 가라고 하기도 하고요. 뭐 결국은 내가 부모님을 모시긴 했지만, (웃음) 그저 하고 싶어서 했던 일이기 때문에 남들처럼 2~3모작 안 한 거 후회 안 해요.

'배우'는 '배우는 사람'이라는 말도 있습니다. 선생님은 연기하면서 많이 배우셨나요?

그럼요. 예술가나 배우는 항상 새로운 대상을 찾고, 새로운 창조를 하고, 새로운 시도를 합니다. 막장 드라마의 비슷한 역할이라도 다른 인물이기 때문에 다르게 표현하고 싶지요. 그게 배우의 보람이고 자부심입니다. 예전에 어떤 연출이 내시 역할 하는 배우한테 만날 내시만 시키는 거야. 그래서 내가 그 사람에게 다른 배역을 줘 봐라, 타성에 젖지 않고 자극을 받아 다르게 연기할 것이다, 그랬더니 실제로 다른 연기가 나오는 거예요.

완성이나 종결이 없는 게 예술이고 연기예요. 시대에 따라 최고의 작가, 최고의 배우가 있을 뿐이지, 그게 완성은 아니지요. 「햄릿」 같은 경우도, 최고의 햄릿이 있는 게 아니라 로런스 올리비에의 햄릿, 랠프 리처드슨의 햄릿, 존 길구드의 햄릿이 있을 뿐이고. 잠시 뒤 막이 오르는 연극 「사랑해요, 당신」에서도 주인공으로 나와 더블 캐스팅된 신구의 표현하고 내 표현이 달라요. 그런 게 우리 직종의 특수성이라고 할 수 있습니다.

60년 넘게 연기를 하면서 많은 분들과 작업을 하셨을 텐데요, 어떤 배우나 감독하고 특별히 친하고 잘 맞으셨는지요?

배우 중에는 최무룡 선배와 가까워요. 최 선배는 용모든, 음색이든, 암기력이든, 배우를 하기 위한 천혜의 조건을 타고난 분입니다. 우리 연배들 중 유일하게 TV에 적응한 인물이기도 해요. 당시 다들 감성 연기를 할 때, 최무룡 혼자 신식 연기, 즉 메소드 연기를 했지요. 덕분에 TV에서도 먹힐 수 있었고. 아버지로서는 빵점이지만, 배우로서는 높이 쳐주지 않을 도리가 없어요. 신구하고도 친한데, 신구의 경우는 타고났다기보다 노력파고요. 이 직업에 천재라는 게 있을 수 없습니다. 천재란 아역 때나 가능한 거죠. 다들 노력해서 먹고삽니다. 후배들 중에는 여자로는 김창숙, 장미희, 유지인이 있고, 남자들은 이덕화, 김영철, 한진희 등이랑 친했어요. 장미희는 명지전문대 교수인데, 저는 그 애 볼 때마다 "넌 정말 대단한 아이다."라고 이야기해 줍니다. 의지와 집념이 대단해요.

감독 중에는 유현목 감독과 「막차로 온 손님」을 비롯해 여러 편을 작업하면서 의기투합했습니다. 제 친구이기도 한 고영남이도 있고요.

이만희 감독과는 「기적」 한 편을 했습니다. 기차 안에서 벌어진 일을 그린 작품인데 최무룡, 남정임과 함께 했지요. 그거 딱 한 작품 하고 인연이 안 돼서 못 했습니다. 하지만 뭐니 뭐니 해도 이해랑 선생님이 나한테 제일 많은 영향을 줬어요. 연극 배우들한테는 하늘 같은 분인데, 제가 대학 다닐 때 모셔 와서 연극 연출을 부탁드렸더니 흔쾌히 해 주셨어요. 졸업하고 단역으로 몇 번 뵙고……. 「밤으로의 긴 여로」는 정말 좋았지요.

배우를 꿈꾸는 후배들에게 해 주고 싶은 말씀이 있다면요?

요즘은 연극영화과나 방송연예과 같은 데서 졸업생이 1년에 천 명 이상 배출되는 시대입니다. 우리 때보다 조건은 향상되었지만, 방송국들이 기수 모집도 하지 않는 시대이기도 하고요. 보장이 없는 직종이니, 스스로 돌파구를 찾아야 된다고 말할 수밖에 없지요. 장동건이나 이영애처럼 타고나지 못했다면, 송강호나 최민식의 길이 있습니다. 연극계에서 일하던 배우들이 TV 조연으로 왔다가 기회를 잡고서 치고 올라가는 거지요. 요즘은 TV 조연을 해도 생계유지가 되니까요. 그러니 평소에 열심히 자기 계발을 해서 기회가 왔을 때 그 기회를 잡아야 됩니다.

연기란 게 처음엔 막노동과 마찬가지예요. 의지가 있으면 밑바닥부터 심부름하고 열심히 하면서 역량을 키워야 하고, 그랬을 때 기회를 잡을 수 있습니다. 의지가 없고, 요행수를 바라면 절대 안 되고요. 다행히도 건강만 유지하면 나처럼 일흔 살, 여든 살까지 일할 수 있

으니 괜찮은 직업이긴 합니다. (웃음)

배움의 공유로 이어 가는
열정과 에너지

평생교육 쪽 경력도 있으시더라고요. 한국어교사원격평생교육원 원장이시지요?

인터넷을 통한 외국인 대상의 한국어교육원이 있다는 말을 들었어요. 외국인들이 한국말을 배운다는 거, 더 나아가서 교사 자격증을 따서 자국에 돌아가 한국어 교사가 된다는 건 상당히 의미 있는 일이라는 생각이 들어서 5~6년째 도와주고 있습니다. 우리말을 배우려는 사람들한테 올바른 표준어를 가르쳐 줘야 되거든요. 우리가 영어를 배울 때 영어 발음에 신경 쓰는 것과 마찬가지로. 근데 우리말이 어려워요. 동음이의어가 많아서 발음으로 구분해야 되는데, 요즘은 말, 그러니까 화법을 지적하는 연출자가 없어요. 연출자 자신도 모르니까. 예전에는 배우들이 사전 펴 놓고 단음, 중음, 장음을 구분하며 연기했습니다.

나는 요즘 우리 아이들(SG연기아카데미 연기생)한테 발음 공부부터 시켜요. 대학 4학년들 워크숍이 있는데, 두 달 동안 주말도 빠짐없이 매일 나와서 연습합니다. 잘하는 애들 주인공 시키는 게 아니라 제비뽑기해서 주인공을 시키지요. 기회균등 차원에서. 그 워크숍에서도 1개월간 언어 연습을 시킵니다. 배우는 말로 시작하는 직업입니다. 그래서 그 나라 표준어를 구사하는 게 기본이지요. 아나운서와 똑같아요. 배우가 하는 말은 어떤 조건의 사람들도 다 알아들어야 합니다. 지역, 연령, 학력 상관없이 다 알아들어야 해요. 이게 원칙입니다. 두루뭉술하게 발음해도 되는 TV 드라마도 있지만, 좀 더 심오하고 깊은 연극은 언어적 전달이 제대로 되지 않으면 의미 전달이 잘 안됩니다. 연극의 문학성, 작품성은 다 언어로 전달되는 거예요.

이 밖에도 사회교육원 등에서 교수 하는 친구들이 있어 간혹 강의 의뢰가 들어오는데, 타 직종에는 제가 해 줄 말이 없어요. 피할 수 없을 때 어쩔 수 없이 가서 횡설수설하고 돌아오는데, 우리 직종에는 가서 해 줄 얘기가 많이 있어요. 타 직종은 내 전문이 아니니까 공염불 같은 소리만 하고 오죠.

마지막 질문입니다. 60년 넘는 동안 수천 가지의 배역을 해 오셨는데, 아직도 하고 싶은 배역이 있습니까?

오히려 젊었을 때, 하고 싶던 배역을 많이 놓쳤어요. 난 햄릿 역도 못 해 봤으니까. 왜 그런가 하면 공연 시작을 노인 역부터 했어요. 대학교 3학년 때 한 「지평선 너머」라는 연극이 첫 연극인데, 육십 먹은 선장 역으로 데뷔했어요. 근데 영화나 TV에서는 좋은 배역을 많이 했고요. 허준도 하고, 영조도 하고. 연극에선 타이밍을 놓친 거예요. 셰익스피어 연극 중에는 「말괄량이 길들이기」의 패트릭 역 하나 해 봤네요. 최불암이도 한 햄릿 역을 나는 못 해 봤네. (웃음) 연기라는 게 그래요, 평생 기다린다고 차례가 오진 않아. 로런스 올리비에처럼 자기가 제작하고 연기하면 되는데, 그럴 여력이 안 되니까. 맡겨 주는 거 열심히 하는 수밖에 없지요.

1시간 넘게 인터뷰가 이어지는 동안 인터뷰어가 허겁지겁 그 답변들을 쫓아가면서 다음 질문을 해야 할 정도로 이순재 선생은 열정과 에너지가 넘쳐 났다. 잠시 뒤 공연이 예정되어 있지만 않으면 언제까지고 이야기를 이어 갈 수 있을 것 같았다.

인터뷰를 마무리하면서, 배움에 대한 생각을 써 달라고 스케치북을 내밀었다. 이 선생은 잠깐 생각하더니 쓱쓱 써 내려갔다.

"배워서 남 주나!!"

'직진 순재'다운, 명쾌한 문장이었다.

배워서 남 주나 :)

이순재

2018. 5. 15.

이수정

공부를 넘어
실천으로

이수정 ● **범죄심리학자, 경기대학교 교수**

1964년 부산에서 태어났다. 연세대학교와 미국 아이오와주립대학교에서 수학했다. 전공은 심리학, 사회심리학, 심리측정이다.

대한민국에서 범죄심리학이라는 낯선 분야를 개척했다고 평가받으며, 흔히 1세대 프로파일러로 통한다. 각종 방송 프로그램 출연과 인터뷰로 강력 범죄 해결 및 예방에 대한 사회적 관심을 제고하는 데 앞장서고 있다. SBS 시사 프로그램 「그것이 알고 싶다」에 20년 가까이 출연해 다양한 범죄 사건 및 범죄자의 심리를 분석해 주고 있다.

경기대학교 교양학부와 같은 대학 대학원 범죄심리학과 교수로 재직 중이며, 대법원 양형위원회 전문위원, 대검찰청 성폭력대책위원회 위원, 경찰청 쇄신위원회 위원 등으로 활동했다.

'범죄'라는 으스스한 단어가 전공 이름 앞에 덧붙어서일까? 이수정 교수에게서는 심리학자가 드러내 보일 만한 섬세함이나 부드러움보다는 꽉 찬 단단함과 직선적인 솔직함이 묻어났다. 그는 어떤 질문에도 좌고우면하지 않고 그야말로 '속공'으로 답변을 이어 갔는데, 그 대답들에는 연구실과 현장을 무수히 넘나든 중견 학자의 사명감과 자존심이 웅크리고 있었다.

SBS 시사 프로그램 「그것이 알고 싶다」에서 단발머리에 안경을 긴 채 날카롭게 범인의 심리를 추적하며 '프로파일러'(profiler, 범죄심리행동분석관)라는 낯선 직종과 자신의 이름을 알린 이수정 교수. 범죄심리학이 워낙 독특한 분야인 데다, 세상을 놀라게 하는 강력 사건이 터질 때마다 다양한 매체에 단골로 등장하는 바람에 '연예인급 유명세'를 치르고 있는 그에게 물었다.

얼굴이 알려져 불편하시진 않습니까?

뭐, 알아보는 분들이 많이 계십니다. 하지만 전혀 불편하지 않아요. 제가 체질적으로 불편함 같은 거, 잘 안 느끼거든요. (웃음)

거의 연예인 체질이시네요? (웃음)

아뇨, 그런 거 의식하지 않고 그냥 평상시 하던 대로 하니까요. 누가 알아본다고 달라질 게 있나요? 누가 알아보고 인사하면 저도 인사하면 되고요.

첫 대답에서, 무심하지만 당당한 그 무엇이 느껴졌다. 1시간 가까이 이어진 인터뷰에서 이 교수는 범모든 질문에 명료하고 분명하게 대답했다. 다소 까다롭고 복잡한 질문에도 그의 답변은 이쪽저쪽의 중간 지대에서 뭉개지는 법이 없었다.

이른 무더위가 기승을 부린 2018년 6월 21일 오후, 뙤약볕을 뚫고 수원에 있는 경기대로 이 교수를 찾았을 때, 그는 여름 방학을 앞두고 제자들의 논문 지도에 여념이 없었다. 인터뷰는 '범죄'와 '심리학'이라는 단어가 때론 따로, 때론 붙어 있는 책들이 양쪽 벽에 빽빽이 들어찬 이 교수의 연구실에서 진행되었다.

범죄자,
제대로 알고 접근해야

어느 인터뷰에서 "아무리 바빠도 언론 인터뷰는 마다하지 않는다."라고 하셨는데, 이 말이 매우 인상적이었습니다. 어제저녁 TV 뉴스에도 강진 여고생 실종 사건으로 인터뷰하신 게 나오던데요, 연예인 체질은 아니라고 하셨으니까, 인터뷰를 거부하지 않는 특별한 이유가 있는지요?

전자 발찌 도입을 둘러싸고 찬반 양론이 격렬하게 대립할 때 언론 인터뷰를 엄청 많이 했습니다. 결국 제 생각대로 도입을 하게 됐는데, 그 일을 겪으면서 언론 노출이 얼마나 도움이 되는지 체감하게 됐지요. 그 뒤로는 제가 가진 전문 지식이 사회에 유용하게 쓰이게 하자는 뜻에서 가급적 인터뷰를 마다하지 않습니다.

강진 여고생 사건이 발생한 요즘은 인터뷰 요청이 많겠습니다.

아무래도 그렇지요. 특히 아동이나 청소년, 여성과 관련한 강력 사건이 터지면 줄을 잇고, 그렇지 않을 때는 한동안 조용하기도 하고요. 인터뷰 요청을 거부하지 않지만, 교수로서 꼭 해야 할 일을 소홀히 하지 않는 범위에서 응합니다. 그래도 그런 시간 말고는 가급적 언론에 도움을 주고 싶어요.

전자 발찌를 도입을 위해 앞장서셨는데요, 일부에서는 '범죄 우려' 때문에 사람을 감시하고 통제하는 건 '인권 침해'라는 반론도 있습니다. 범죄자의 인권도 인권이라는 주장이 설득력 없는 것도 아니고요.

그런 주장에 동의 못 합니다. 그렇다면 피해자 인권은 누가 지켜 줍니까? 그런 얘기를 하는 분들은 피해자 인권에 대해 아예 언급하지 않더라고요. 형사 사법 제도의 중심이 되는 사람이 범죄자다 보니 범죄자의 인권 침해에 대해서만 강조하는 것이지요. 그들이 희생양으로 삼은 피해자는 증인에 불과합니다. 아예 관심에서 멀어졌어요. 우리나라 범죄 피해자 가운데 가장 많은 관심을 받았던 사람이 조두순 사건의 피해자인 나영이였을 거예요. 그런 나영이도 피해가 회복됐다고 보긴 어렵습니다. 그런 맥락에서 저는 인권을 절대 가치로 취급하는 의견에 단호히 반대합니다. 그전에 공동체의 안전과 피해자의 인권이 있는 겁니다.

일반 범죄자들의 위험을 미리 예견해서 관리하자는 게 아닙니다. 제가 전자 발찌를 부착하고 감독의 대상으로 삼자고 말하는 대상은 출소 뒤 6개월을 혼자 행복하게 살아 본 적이 없는 사람들입니다. 언제나 6개월 이내에 주변에 있는 아동이나 청소년, 여자 등 취약한 사람들에게 피해를 가한 사람들이에요. 바로 그런 사람들을 국가에서 관리해야 한다고 주장하는 것이지요.

또박또박 끊어지는 그의 말은 단호했지만 설득력이 있었다. 현장에서 다양한 사례를 경험해 본 사람만이 지닐 수 있는 현실적 논리 덕분인 것 같았다.

20년 가까이 「그것이 알고 싶다」에 출연하고 있는 이수정 교수는 국내 심리학계에서 '범죄심리학'이라는 분야를 개척한 대표적인 범죄심리학자이자 프로파일러다. '범죄심리행동분석관'이라 할 프로파일러는 일반적인 수사 기법으로는 해결하기 힘든 연쇄 살인 사건 수사 등에 투입돼 용의자의 성격이나 행동 유형 등을 분석하고, 도주 경로나 은신처 등을 추정하는 역할을 한다. 이수정 교수는 언제부턴가 범죄자의 심리를 분석해 자문을 해 주는 프로파일러의 본령을 넘어 피해자의 2차 피해를 막고 좀 더 안전한 사회 공동체를 만들기 위해 각종 법과 제도를 제안하고 도입케 하는 데 전력을 다하고 있다.

범죄자에게 '교육'이 효과가 있습니까?

효과가 있는 사람도 있고, 없는 사람도 있지요. 효과가 있는 사람들은 대부분 교육을 안 해도 효과가 있을 사람들이에요. 애당초 자기 잘못을 인식하고 있는 사람들인데, 앞으로 제대로 살아 보려는 결심까지 있으면 교육의 효과가 더 크고요.

교육의 효과가 그리 크지는 않다는 말씀이기도 한데, 그렇다면 가장 결정적인 범죄 예방 대책은 무엇인가요?

소년원 교육 프로그램 중에서 재범률을 가장 떨어뜨리는 과목이 제과 제빵이에요. 제과 제빵 반을 시작한 지 4~5년 됐는데, 아직까지 재범이 단 한 건도 발생하지 않았어요. 기록적인 결과지요. 아이들의 '욕구'(need)를 충족시켜 줬기 때문입니다. 그런 아이들을 교실에 모아 놓고 뭐가 선이고 뭐가 악인지 교육해 봐야 말짱 헛일입니다. 그래 가지고는 갱생이 불가능하지요. 현실적인 장애를 넘을 수가 없기 때문입니다. 교도소 나오면 당장 먹고살 길이 막막하고 가정은 다 해체돼 비행으로 빠져들 수밖에 없어요. 그 경로에 어떤 방식으로 개입하느냐가 중요합니다. 이미 검증된 답도 다 나와 있어요.

그런데 이런 정책이나 대책을 집행하려면 예산과 인력이 있어야 되잖아요? 근데 그게 확보가 잘 안된다는 데 문제가 있는 겁니다. 저는 새삼 뭘 더 해야 된다고는 생각지 않아요. 정치하는 사람들이 우리같이 현장을 아는 사람들의 말을 귀담아듣고 소년원에 예산을 더 배정해 주면 문제가 해결됩니다. 청소년들은 투표권이 없잖아요? 그러니 예산 배정이 안 되는 거예요. 어쨌든 투입한 만큼 갱생은 가능합니다.

범죄를 저지르는 요인은 타고나는 건가요, 아니면 환경적인 게 더 큰가요?

환경적 요인이 가장 일반적이긴 합니다. 빈곤보다 더 방대한 범죄 요인은 없어요. 하지만 빈곤만이 이유라면 최근엔 복지 제도가 도입되고 굶어 죽는 사람도 없으니까 범죄가 발생하지 않아야 하는데, 오히려 흉악 범죄가 기승을 부리잖아요? 빈곤만이 요인이 아닌 겁니다.

그래서 이유를 찾는데, 우리나라에선 유전이나 선천적 이유를 인정하지 않는 분위기예요. 후천적 요인, 즉 학대나 방임이 범죄 유발 요인이 된다고 믿지요. 반면에 서구 사회에선 선천적이라는 쪽에 많은 비중을 둡니다. 범죄 취약성이 유전한다고 보는 입장이지요. 서구는 워낙 인종이 다양하고 많은 사람들이 있다 보니 그런 생각에 영향을 주는 것 같아요. 그래서 본능(nature)이냐, 양육 조건(nurture)이냐 하는 논쟁이 있는 거고요.

학자를 넘어
공동체를 위한 실천가로

이수정 교수는 30대 중반이던 1999년 경기대 교수로 부임했는데, 그게 범죄심리학자의 길을 걷게 된 결정적 계기가 됐다고 말한다. 당시 교양학부에 심리학 교수 자리가 나서 지원했는데, 실제 채용된 곳은 '교도소학과'인 교정학과였다. 교도 행정의 효율적 방안을 연구하는 이 과에서 마침 범죄자를 분류할 때 필요한 시스템을 구축하는 법무부 프로젝트를 수행하던 교수를 만났고, 이 교수는 그와 함께 공동 연구를 시작하게 된다. 이 연구를 시작으로 이 교수는 범죄심리학과 운명적으로 인연을 맺게 되면서 '대한민국 1세대 프로파일러'의 길에 발을 들여놓게 된다.

1세대 프로파일러로서, 황무지를 개척하던 시대 상황이 궁금합니다. (웃음)
2000년대 초반부터 본격적으로 이 일을 하기 시작했는데, 그때는 물론 프로파일러라는 전문 영역이 탄생하기 전이었지요. 자문 위주로 일하면서 어딜 가나 전담 인력의 필요성을 강조했습니다. 이제는 경찰청마다 범죄 분석 요원이 배치되어 있는데, 그렇다 해도 아직 100명이 채 안 돼요. 60~70명 정도지요. 사건이 발생하면 초동 단계는 지구대에서 맡고 이후 분석이 필요할 때 프로파일러가 투입됩니다.
프로파일러 다음에 생긴 게 피해자 전문 요원이에요. 경찰 중에 피해자를 잘 다룰 수 있는 사람이 필요하거든요. 피해자나 피해자 가족은 사건 초기에 많은 심리적 지원이 절대적으로 필요한 상황에 봉착합니다. 그런데 지금까지는 경찰에서 그분들을 증인으로만 취급하고 방치했어요. 빼먹을 것만 빼먹고 버렸어요. 그렇다 보니 2차 피해도 발생하고요. 당연히 피해자들이 일상으로 복귀하기도 어려워집니다. 그래서 훈련받은 전문 요원들이 피해자 조사를 하게 해 달라고 저희들이 거듭 요청했지요. 그 결과로 최근에도 피해자 전문 요원 40명을 특채했어요. 지금 전국에 200명 가까이 될 겁니다.

이 교수는 25년간 작업 공구로 아내에게 무차별 폭력을 행사한 남편을 살해해 구속된 '윤필정(가명) 사건' 재판에 증인으로 나가 윤필정 씨를 변호하는 법정 증언을 하는 등 학자로서 사회적 실천을 마다하지 않았다. 당시 윤 씨에 대해 징역 2년을 선고한 1심 재판부에 대해 이 교수와 여성계 등은 "우리 사회의 현실과, 오랫동안 지속적으로 가정 폭력에 방치된 피해 여성의 심리 상태를 고려하지 않은 불합리한 판결."이라며 거세게 항의했다. 그의 이런 사회적 실천 활동은 지금까지 그토록 완고하던 형법 제도를 손보게 하는 결과를 낳았다.

특별히 기억나는 제도 개선 사례는 무엇입니까?

원스톱센터, 해바라기센터라고도 합니다. 나영이가 경찰에서만 피해 조사를 8~9번 받았어요. 그런데 검찰에서 또 받고. 그래서 국가를 상대로 손해 배상 청구를 해 이겼습니다. 그 일을 계기로 원스톱센터가 만들어졌어요.

지금은 아동 성폭력 범죄 조사는 한 번으로 끝납니다. 그야말로 원 스톱이지요. 아이들이나 장애인들은 항상 진술이 부족하거나, 했던 진술을 번복하거든요. 그래서 증거 능력 확보가 안 돼서 피의자들의 유죄 판결을 끌어내지 못했는데, 2008년부터는 진술 분석 전문가가 피해자 진술 때 함께 의견서를 씁니다. 피해자가 진술을 못 하는 이유가 지적 장애 때문인지, 연령 때문인지, 평소의 어휘력 때문인지 의견을 달아요. 그러고서 녹취록과 CD, 의견서를 같이 보내면 법정에서 의견서를 쓴 전문가를 부릅니다. 아이를 부르지 않고요. 전문가가 대신 이야기를 하고, 그래도 부족한 부분은 CD를 재생해 확인하지요.

이런 덕분에 그간은 신빙성이 떨어져 폐기 처분됐던 증거들에 효력이 생겼어요. 제가 처음 참여했던 2008년엔 장애인 성범죄가 1년에 다섯 건 기소됐는데, 지금은 전문가 입회 제도 덕분에 1년에 수백 건의 장애인 성범죄가 유죄 판결을 받습니다. 절차적 개선이 된 건데, 큰 진전이지요.

법무부나 경찰 조직들과 오랫동안 일을 했는데, 혹시 갈등이나 충돌은 없었습니까?

그런 건 없었어요. 제가 인권 변호사라면 모를까, 그분들을 돕는 조력자로 참여했으니까요. 사건이 해결되지 않으니까 저를 부르는 거고요. 옵서버로 도움을 제공하기 때문에 별로 불편함을 느끼지는 않았지요.

법무부나 경찰이 대표적으로 답답한 기관인데, (웃음) 그래도 아쉬운 점이 없지 않았을 텐데요?

아쉬운 점이야 왜 없었겠습니까. 특히 법무부에 아쉬웠던 건 범죄자를 못 만나게 하는 거예요. 저 같은 연구자는 범죄자를 만나지 않으면 연구를 못 하는데, 그게 언제나 설득이 잘 안됐어요. 지금은 그분들한테 어떻게 어필해야 하는지 터득했지만 옛날엔 그야말로 '무대포'로 덤볐으니까요. (웃음)

전자 발찌 같은 제도가 필요하면 성범죄자들을 만나 연구하고 재범 가능성을 입증할 수 있어야 될 거 아니에요? 그래서 성범죄자를 만나 연구하겠다고 하면 법무부 사람들이 여러 이유로 거절합니다. 보안 때문에 안 된다는 건데, 짐작건대 민간인이 범죄자를 만나는 것도 쉬운 일이 아니거니와 '성범죄자를 만나다가 사고라도 나면 우리가 책임져야 되는 거 아니냐, 그러니 애당초 만날 기회를 주지 말자.' 이런 게 아니었나 싶어요.

그 분명하신 성격에 울분도 많이 참으셨겠습니다. (웃음)

그럼요. 화도 엄청 많이 나고 좌절감도 많이 느끼죠. 왜냐하면 당시 제가 법무부 과제를 수행하고 있었거든요. 자기네들이 연구 과제를 줘 놓고 좀 더 제대로 하려고 범죄자를 만나겠다는데 안 된다고 하니까요. 수형자 분류 심사 제도를 위한 도구를 개발하려면 범죄자를 유형화해야 했고, 유형화하려면 범죄자의 특성을 파악해야 했고, 그러려면 당연히 범죄자를 만나야 했지요. 제가 법학자였으면 안 만나고

도 할 수 있다고 생각했을지 모르지만, 심리학자는 사람을 만나 면담하고 평가하는 게 연구 방법이거든요. 그때 거절을 당하고는 이걸 계속할 수 있을까 고민하다 결국 학교에 요구해 해외 파견을 나가게 되었지요.

외국은 어떻게 하고 있던가요?

2002년 당시 미국 텍사스는 형사 정책이 엄격해 한 달에 몇 명씩 사형을 집행하는 주였어요. 형사 정책 예산이 교육 예산보다 더 많았을 정도니까요.

텍사스주립대학에 형사 정책 학부가 특화돼 있었어요. 교도소들이 모여 있는 지역 한가운데 캠퍼스가 있어요. 그곳에 가면 형사 정책 분야에서 심리학자들이 어떻게 하는지도 알 수 있고, 기관에 마음대로 방문할 수도 있었고요. 시설을 돌아다니면서 저와 같은 분야의 선생님들이 교도소에서 어떤 일들을 하는지, 저와 비슷한 일을 하는 경찰이 무슨 일을 하는지 직접 봤습니다.

바로 그때 '아, 내가 이 일을 평생 할 수 있겠구나.' 하는 확신이 들더라고요. 이런 전문 영역이 있구나 하는 걸 그때 처음으로 알게 된 셈이지요. 범죄심리학 박사 과정 수업들을 청강하면서 그 커리큘럼을 그대로 한국에 가져오면 되겠다 싶어 그걸 들여오기도 했습니다. 그렇다고 제가 뭘 창설하거나 그런 건 아니고, 이미 영미권 국가들에서 일반화된 학문 분야를 가져와 우리나라에 맞게 적용을 한 겁니다.

소설 속 주인공을 따라
선택한 심리학

심리학과를 졸업하셨는데, 그때부터 이런 일을 하려고 작정하신 건 물론 아니지요? (웃음)

전혀요. (웃음) 고등학생 때 루이제 린저의 『생의 한가운데』를 읽고 감명받았는데, 그 소설 주인공이 심리학을 전공했거든요. 심리학이 뭘 하는 건지도 잘 모른 채 막연히 사람에 대한 연구를 하는 곳이라고 생각하고 지원했지요. 제가 문과이긴 하지만 인문학자 타입은 아니라, 문과 중 가장 과학에 가까워 보이는 학문을 선택한 겁니다. 공부는 재밌었지만, 어렵다는 생각은 했어요. 물론 당시엔 이게 나중에 어떻게 활용될지 전혀 몰랐지요.

대학 들어갈 때 1지망이 심리학, 2지망이 사회복지학, 3지망이 신문방송학이었어요. 석사 논문 주제가 '도움 행동'(helping behavior)인 것도 이런 성향 때문입니다. 유학을 가면서 좀 더 기술적인 공부를 하고 싶어서 아이오와주립대에서 측정 분야를 공부했어요. 박사 과정 수료까지 했는데, 남편과 아이들이 한국으로 돌아가겠다 해서 함께 돌아갔어요. 제가 심리학자가 아니면 모를까, 심리학자로서 아이들을 남에게 맡기는 게 어려웠거든요. 그래서 연세대 박사 과정에 편입해 논문을 썼습니다.

범죄 관련 영화나 소설은 좋아하십니까?

잘 안 봅니다. 그나마 열심히 봤던 드라마는 「크리미널 마인드」예요. 이 드라마에는 프로파일링 할 때 학교에서 다룰 만한 논문 결과들을 언급하는 내용이 있어요. 아카데믹한 걸 어떻게 현장에서 활용하면 되는지 배울 수 있지요.

실제로 이 드라마는 미국의 수사 기법을 발전시켰어요. 드라마적 상상력이 실존하지 않는 기술들에 대한 현장의 수요를 반영해 만들어진 건데, DNA를 활용하는 방식 같은 것들이 뒤따라 발전을 해 왔거든요. 이 드라마는 범죄가 아니라 기술이나 제도가 중심이 되는 드라마라서 공부가 되니까 보게 되더라고요.

범죄심리학자나 프로파일러는 너무 팍팍한 영역이라 별다른 취미도 없을 것 같은데, 어느 인터뷰에서 학생들하고 교도소에서 범죄자들 면담하고 나와 교도소 근처에서 매운 낙지 먹으면서 토론하는 게 취미라고 말씀하신 걸 읽었습니다. (웃음)

맞아요. 대학원생들과 어울려 다니는 거, 그거 취미예요. (웃음) 교도소 면담 후 대학원생들과 근처 낙지볶음집에서 낙지볶음 먹으며 이야기하는 거, 아주 좋아해요. 사람 만나는 걸 좋아하고요. 그리고 워낙 운전을 많이 하고 돌아다니니까, 운전도 좋아합니다.

과학 수사의 발전에도
여전히 무력한 한국의 현실

1세대 프로파일러에게 단도직입적으로 묻겠습니다. 우리나라 경찰의 과학 수사, 믿을 만합니까?

우리 경찰의 과학 수사, 굉장히 발전했고, 지금 이 순간에도 발전하고 있습니다. 신뢰할 만합니다. 다만, 절차적으로 주의해야 할 부분이 있어요. 그 절차가 제대로 되려면 절차를 지킬 수 있는 사람을 선발해야 합니다. 이를테면 이런 겁니다. 우리나라는 공무원 선발에 학력 제한을 둘 수 없다 보니까 학력을 기준으로 사람을 뽑을 수가 없게 되어 있어요. 근데 어떤 특정한 영역에서는 전문가가 반드시 필요하거든요. 학력으로 사람을 뽑는 서구 사회를 보면 공무원 조직이 열려 있어요. 중간 보직으로도 학력에 따라, 전문성에 따라, 쉽게 유입이 되고요. 그래서 그 사람이 현장에서 전문적으로 닦아 왔던 실력이 다른 현장에도 쉽게 스며들어 가고요.

지금 우리 사회는 그렇지 못하다는 말씀이지요?

제가 보기엔 과학 수사가 경찰의 기능 중에서 가장 중요하게 여겨져야 하는 거예요. 수사를 잘하고, 범인을 순식간에 검거하고, 피해자를 보호할 수 있어야 국민이 안심할 수 있잖아요? 그런데 경찰이 관료 조직화하면서 그런 기능은 주요하지 않은 기능처럼 취급하고 있습니다. 직급 낮은 경장들이 이런 기능을 하게 두고 있고요. 이건 진짜 잘못된 관행입니다.

미국 FBI에선 심리학 박사 300명이 일하고 있어요. 우리나라에선 이런 박사들, 절대 경찰 못 됩니다. 저도 마찬가지고요. 아무리 전문성이 중요하다고 강조해도, 전문성 가진 인재들을 인정해 주지 않으면 결코 한발 더 앞으로 나아갈 수 없어요.

화학 박사, 생화학 박사를 뽑아서 투입하고 기술을 개발해야 되는데, 우리는 순경을 뽑아서 연습시킨 뒤 곧바로 현장에 투입하거든요. 이렇게 아마추어들이 수사를 하는 바람에 심지어 DNA를 추출할 때 피해자 DNA랑 실험하는 사람의 땀이 섞여 들어가서 훼손되는 경우도 생깁니다. 진짜 안타깝지요. 박사들이 했으면 그렇게 되었을까 싶어요. 사실 그런 어처구니없는 과정을 거쳐 미제 사건이 돼 버리기도 합니다.

이제껏 많은 강력 사건, 특히 연쇄 살인 사건을 다루면서 범인도 만나고 자문도 했는데, 어느 사건이 가장 기억에 남나요?

제가 아줌마이고 여자이다 보니 연쇄 살인 사건보다는 배우자 살해 사건 같은 게 더 기억에 남아요. 정말 도와주고 싶은데 정당방위 인정을 못 받고 실패한 사건들, 이를테면 남편에게 30년 이상 학대받다가 살해했는데 정당방위도 인정 못 받은 분들, 그때마다 우리나라 형사 사법 기관이 얼마나 무력한가를 절감하게 됩니다. 그런 분들도 결혼 초기에 폭행당하면 경찰에 신고하거든요. 그런데 우리나라는 '반의사 불벌죄(反意思不罰罪)'가 있어서 가정 폭력 처벌법으로는 가해자랑 피해자를 분리하지 못해요. 도대체 뭘 보호하겠다는 건지, 부부 폭력을 형사 사건으로 처리하지 않는 이유를 모르겠어요. 도대체 누굴 설득해야 그걸 형사 처벌 할 수 있는 건지도 궁금하고요.

이런 건 기본적으로 폭력에 대한 인식 수준이 높지 않기 때문에 발생하는 일들이지요. 길바닥에서 남자가 여자를 패는데 "마누라다." 그러면 다 지나가잖아요? 가정이라는 걸 정말 올드하게 생각하는 겁니다. 공적인 영역이 사적인 영역을 침범하면 안 된다고 생각하는 거예요. 그런데 사적인 영역을 존중해 주는 게 여자들의 목숨을 잃게 만드는 원인이 되거든요. 오늘날에도 매년 100명씩 죽어요. 문명국가에서 이건 아니지 않아요? 형사 처벌 안 받고, 징역도 안 가고, 결국 가해자가 돌아오니까, 신고도 못 하는 거지요.

배우자 살해 사건이 언제 일어나느냐 하면, 아이들이 집을 떠날 때 일어나요. 아이들이 다 커서 남자애가 군대를 가거나 딸이 시집을 가서 더 이상 뜯어말릴 사람이 없으면, 둘이서만 남게 되면, 점점 더 폭행이 심해지고……. 결국은 맞다가 자기가 살고 싶으면 덤벼야지요. 방법이 없으니까.

그런 사건은 제가 적극적으로 지원합니다. 지금은 전문심리위원 제도가 생겨서 재판까지 가서 의견 개진을 해요. 구치소에 있는 배우자 살해범을 만나 면담도 하고 심리 평가도 하고 해서, 의견서를 작성해서 제출하거든요. 제발 정당방위를 인정해 달라고요. 하지만 한 건도 인정받지 못했습니다. 맨날 불발이긴 한데, 그래도 계속하다 보면 언젠가는 되겠지요.

공부에서 실천으로,
실천에서 다시 공부로

인터뷰가 1시간 가까이 이어지는데도 표정 변화 하나 없이 열변을 토하는 이수정 교수가 거인처럼 보였다. 이쯤에서 이 교수는 연구실과 강의실을 오가는 단순한 교수가 아니었다. 그는 이미 새로운 분야에서 우리 사회 공동체의 안전을 위해 헌신하는 맹렬한 운동가였다. 인터뷰를 진행하다가 이런 분야의 얘기를 조금 더 대중적으로 확산시키면 좋겠다는 생각이 들었다.

평생교육의 현장, 저희 서울시평생교육진흥원에서 운영하는 서울자유시민대학 같은 곳에서 더 많은 시민을 대상으로 선생님의 전문 영역과 경험들을 강의하는 기회를 가졌으면 좋겠습니다.

그렇지 않아도 재작년에 『사이코패스는 일상의 그늘에 숨어 지낸다』라는 대중서를 처음 냈습니다. 그게 저로서는 대중과 소통하는 유일한 길이었던 것 같아요. 지난주에 EBS에서 「배워서 남 줄랩」이라는 프로그램 2회분을 찍었어요. 래퍼 7명을 앉혀 놓고 데이트 폭력에 대해 교육했는데, '참 얘기하기 어렵다. 전달이 어렵다.' 이런 생각을 했습니다. 사람들이 자기가 경험한 게 아니면 이해를 잘 못 하잖아요?

서구 사회는 살인 사건 중 피해자 성비가 남자 70%, 여자 30%예요. 남자들이 많을 수밖에 없는 이유가, 조폭도 다 남자고, 총기 사고는 남자들이 내니까요. 폭력적이기도 하지만 동시에 폭력의 피해를 많이 당하는 것이지요. 이게 당연한 거예요. 그런데 어찌 된 일인지 우리나라는 폭력 피해자 60%가 여자예요. 남자가 더 적게 죽는, 몇 안 되는 희귀한 나라가 대한민국이지요. 이 얘기는 한국 여자들이 미국 남자들 못지않게 드세거나 폭력 친화적이라는 말인데, 그게 말이 됩니까?

그 실제 이유는 대부분 가정 폭력이나 데이트 폭력에 잘 개입을 안 하는 형사 사고 절차 때문입니다. 이런 이야기를 하며 우리나라가 제도를 바꿔야 된다고 했습니다. 그들을 이해시키려고 제가 몇 시간 동안 열심히 노력했지만 이해가 된 건지, 알았다고 적당히 봐주는 건지……. 여하튼 설득하기가 너무 어렵다는 느낌을 받았어요.

아마 대중 교육을 하면 그런 비슷한 느낌을 받을 것 같은데, 아직은 제가 준비가 안 되어 있다는 생각입니다. 아직 인내심이 부족해서, 그래서 나이가 더 들어야 될 것 같아요. (웃음) 지금은 연구할 수 있는 여건이 많이 개선이 됐거든요. 아직은 누군가가 연구도 계속해야 하니까, 5년 정도는 더 연구를 하다가 나중에 기회가 되면 대중 강의를 해도 늦지 않을 것 같습니다.

인터뷰를 마무리하면서 스케치북을 내밀었다. 배움과 학습에 대한 평소 생각을 써 달라는 주문이었다. 그는 잠시 생각에 젖는 듯하더니 이렇게 썼다.

"마음대로 하는 공부, 즐거움의 원천."

마음대로 하는 공부,
즐거움의 원천

이 수 정.

문국현

평생학습은 생명력과
발전의 원천입니다

문국현 ● 한솔섬유·뉴패러다임인스티튜트 대표

1949년 서울에서 태어났다. 유한양행 창업자 유일한 박사를 존경해 1974년 유한킴벌리에 입사, 1995년부터 2007년까지 대표이사를 역임했다. 1984년부터 '우리 강산 푸르게 푸르게' 운동을 주도하고, 1997년 IMF 외환 위기를 근로자 감축이 아니라 근로 방식 변경으로 극복한 것으로 유명하다.

2007년, 유한킴벌리 대표이사, 킴벌리클락 동아시아 총괄사장, KT 사외이사를 그만두고 정치인의 길에 들어섰다. 제17대 대통령 선거에 출마해 5.8%의 유효 득표수를 얻었다. 이듬해 제17대 국회의원 선거에 출마해(서울 은평구 을) 당선했다. 현재 한솔섬유와 뉴패러다임인스티튜트의 대표를 맡고 있다.

2018년 7월 23일 서울 코엑스에서 열린 '2018 국제노동고용관계학회(ILERA)'에서 '평생학습 서울 선언'이 발표됐다. 공공 기관이나 평생학습 관련 단체도 아닌 곳에서 '평생학습 서울 선언'이라니! 서울에서 이뤄지는 평생학습에 관한 한 웬만한 것은 다 꿰고 있다고 할 서울시평생교육진흥원장으로서 놀라지 않을 수 없었다. 그러나 이 선언을 이끌어 낸 사람이 '문국현'이라는 사실을 알았을 때, 고개를 끄덕일 수밖에 없었다.

　문국현, IMF 구제 금융 사태 이후 유한킴벌리라는 기업을 취업하고 싶은 기업 1위로 올려놓았던 탁월한 CEO, 2007년 '사람 중심 창조 경제'라는 기치를 내걸고 대통령 선거에 도전해 파란을 일으켰던 창조한국당 전 대표.

　문국현은 그렇게 한 시대를 풍미한 이름이었다. 그러나 그가 새 정치를 내걸고 만들었던 창조한국당이 문을 닫은 후, 정계를 떠난 그가 어디서 무엇을 하고 있는지 세상은 잊어 갔다. 그런

그가 '사람 입국 평생학습'을 기치로 내걸고 다시 세상 속으로
걸어 나왔다. 문국현 한솔섬유 대표를 서울자유시민대학으로 초
대한 이유다. 인터뷰는 2018년 8월 9일 오전에 진행되었다.

다시 절실해진 평생학습,
이를 위한 국제 연대

뉴스를 보고 놀랐습니다. 이번 선언을 평생학습을 업으로 하는 저희가 아니라 기업인이 주도하는 걸 보고 '역시 문국현이구나.' 했습니다. (웃음) 저희가 한발 늦었구나 싶기도 했고요. 평생학습의 국제 표준을 만들고 싶다고 하셨는데, 대중들을 위해 설명이 필요할 것 같습니다.

먼저 모임의 배경을 말씀드려야겠네요. ILERA는 전 세계 노동 고용 관계 학자들의 세계적 대회입니다. 2천500명의 세계적인 학자, 전문가, 기업인, 정책 전문가 들이 모여 6일 동안 130개 세션을 진행했습니다. 1966년에 창립됐으니 올해 만 52년 된 유서 깊은 학회지요. 이 학회를 아시아에서 연 건 두 번뿐입니다. 일본에서 한 번, 이번에 우리나라에서 한 번.

전체 130개 세션 중에서 특별 세션이 두 개 있었는데, 하나가 한국이 주도한 '평생학습 서울 선언'에 관련된 세션이고, 또 하나가 미국이 주도한 '초일류 250개 기업의 특징은 무엇인가?'였습니다. 전야제 행사로 6개국(독일, 미국, 캐나다, 중국, 한국, 일본)의 성공 사례를 발표하고 공유한 뒤 토론을 했는데, 결론이 이렇습니다. "여태까지의 기술 발전만 가지고도 이미 양극화가 심한데, 4차 산업 혁명 시대엔 더 큰 양극화가 초래될 것이다."

앞으로 많은 일자리가 생긴다지만 그림의 떡일 뿐이고, 자신에게 익숙한 일자리는 없어진다는 위기감이 팽배합니다. 그래서 관련 통찰

력과 노하우를 국가, 기업, 지역 사회, 대학, 개인이 공유하자는 겁니다. 군이 바닥까지 떨어진 다음에 재취업 프로그램을 돌리지 말고, 이동성과 유연성을 높여 모두가 4차 산업 혁명의 피해자가 되지 않고 혜택을 받을 수 있는 위치에 가게 하자, 그것을 전 세계가 협력해서 하자, 이런 취지로 서울 선언을 채택하게 된 것입니다.

독일은 평생학습으로 우뚝 섰고, 미국은 평생학습의 힘으로 지금까지 선진국의 지위를 누렸지요. 요즘은 중국이 평생학습을 주도하고 있거든요. 그래서 자연스럽게 이번 세계 대회를 통해서 6개국 합의가 이루어진 것입니다.

이번 선언을 보니까 전제가 "모든 사람에게 지속적 능력 향상이 절대적으로 필요한 시대가 도래한 것을 인지한다."이더군요. "기업은 현장 사원에서 경영진에 이르기까지 모두가 쉽게 신지식을 익히고 능력을 향상시킬 수 있는 강력한 지속적 학습 기회를 제공하여야 한다."라고 되어 있고요. 최근 공공 부문에선 인문학에 바탕을 둔 평생학습이 대세인데, 이 선언에서 평생학습은 직업 훈련 위주로 되어 있습니다. 방향이 살짝 다른 것 같은데요?

그렇습니다. 25세 이전에 제공되는 공교육에서 인문학적 리더십, 자유 시민에 대한 소양을 포함해 기본적인 것을 가르치고 있습니다. 고등학교만 나와도 기본적인 소양과 자격을 갖추게 되는 셈이지요. 그러나 21세기가 되면서 대학교육이나 고등학교까지의 교육이 그다음 10년을 보장하지 못하게 되었어요. 최소한의 기술교육만으로는 현장에 적응하기 힘들구나, 현장이 너무 빨리 변하는구나, 그러니 일자리를 기반으로 한 평생학습이 중요하구나, 이런 점들을 인식한 게 1960년대입니다.

이에 대한 대응을 유네스코 등이 전 세계적인 운동으로 끌고 가려고 했는데, 그때까진 대학 진학률이 20%도 안 되는 나라도 많아서 너무 앞선 운동이 되어 버렸습니다. 그래서 평생학습 운동이 소수의 운동으로 끝나 버리고 잠을 자고 있다가 1990년대 말, 또 2008년, 세계적 경제 위기와 함께 독일이 주도한 4차 산업 혁명이 붐을 이루면서 이제 더는 기다릴 수 없다, 빨리 전 세계가 같이 움직이자, 하게 된 것이지요. 어떻게 보면 50년 만의 리바이벌인 셈입니다.

유한킴벌리가 공식적으로 평생학습에 대한 고민을 한 게 1980년대 말이고, 얼마나 평생학습이 중요한가를 입증해 보인 게 1994년부터 1999년까지입니다. 그러던 것이 지금은 전 세계적인 공통 관심사가 됐고, 특히 독일 총리 앙겔라 메르켈이 2007년 1월에 세계경제포럼에 와서 "이제 정부의 모든 조직과 활동과 예산을 제로베이스에서 시작해, 일자리와 직장 내 평생학습을 위한 새로운 학습 체제를 구축하지 않으면 미래가 없다."라고 했습니다. 메르켈 총리의 발언 뒤 1년 9개월 지나 리먼브라더스 사태가 벌어지면서 미국이 무너집니다.

사람에 투자하니
모든 문제가 선순환

이 대목에서 문 대표님이 지휘하셨던 유한킴벌리의 실험 이야기를 하지 않을 수 없는데요. 당시 많은 사람들이 반대를 했다고 하던데, 어떻게 그런 아이디어를 내고, 게다가 실행까지 하실 수 있었나요?

우선, 당시 회사에 노사 분규가 심했습니다. 회사가 망해 가고 있었는데, 전통적인 방법으로는 회사를 구할 수 없었어요. 두 번째, 큰 위기가 오는 게 보였습니다. 그래서 그때 사람을 해고할 것이냐, 설비를 해고할 것이냐의 갈림길에 서 있었습니다. 일반적인 회사에서는 대개 설비와 토지, 건물을 남기고 사람을 해고하기 마련이잖아요? 그런데 저희는 생각이 달랐습니다. 건물이나 토지는 다시 살 수 있지요. 또 어쩌면 아예 필요하지 않을 수도 있는데, 사람은 그렇지 않다는 생각을 한 겁니다. 특히 사람을 해고하면 회사 분위기가 흉흉해지고 노사 분규도 더 악화될 것이고요.

또 그동안은 사람의 손발만 빌렸는데, 이제부터 마음과 머리도 빌려서 집단 지성을 이루고 주인 의식과 기업가 정신을 발현하게 하면 의외의 생산성이 나올지도 모른다고 생각했습니다. 근데 이게 이미 선진국에서 다 해 본 겁니다. 그래서 우린 사람의 반을 해고할 게 아니라 근무 시간을 반으로 줄이고, 나머지 시간 중에서 일부를 평생학습을 하도록 했습니다. 이를 지원하기 위해 건물과 설비를 팔았습니다. 그런 것들을 팔아 생긴 돈으로 3년을 버티면, 어쩌면 노사 분규가 없어질지도 모르고 주인 의식과 기업가 정신에 의해 사고도 줄어들고 생산성도 늘어날 가망이 있으니 실험을 해 보자, 이렇게 해서 시작한 겁니다. 그렇게 실험을 한 지 불과 3~4년 만에 여러 단위별 강성 노조가 개혁의 중심에 섰고, 모든 문제가 선순환되더라고요.

그때 다른 나라 모델도 참고를 하셨습니까?

그랬지요. 아무래도 미국과 호주가 모델이었습니다. 제가 호주에서 '우리 강산 푸르게 푸르게'라는 구상을 가져온 게 1983년입니다.

1970년대 캐나다와 미국, 1980년대 호주에 있을 때 근무 시간을 아주 적게 잡으면서도 높은 품질과 생산성을 올리는 걸 많이 목격했어요. 또 한편으로는 기업에서 사회 운동으로 야생 동물 지키기, 녹화 운동 등을 하는 모습을 보면서 내가 고국에 돌아가면 저런 것을 해야겠다는 열망을 가지고 있었지요.

그때 호주에서 같이 일했던 사람을 몇 달 전에 봤는데, 그 사람이 "우리가 같이 꿈을 꿨는데, 30년 넘게 이 프로그램을 하면서 자리 잡게 한 것에 대해 감사하게 생각한다."라고 하더라고요.

지금은 '무역 입국'이 아닌
'사람 입국'의 시대

지금 대한민국 평생학습은 공공 부문이 강화되고 있는 추세입니다. 광역 시도마다 평생교육진흥원이 다 생겼지요. 그러나 민간과의 괴리가 있어요. 이 부분을 고민 중인데, 공공 부문은 어떤 식으로 운영되면 좋을지, 공공과 기업이 어떤 식으로 네트워크를 맺고 상생할 수 있을지 여쭤보고 싶습니다.

사실 이게 지금만의 문제는 아니고 전부터 고민이 있어 왔습니다. 노무현 전 대통령이 만든 '사람 입국 신경쟁력위원회'가 있었습니다. 제가 위원장으로 같이했는데, 노 대통령이 "이제 25세까지의 교육 가지고는 미래가 보장되는 사회는 아니지 않느냐. 직원 육성, 직원의 경영 참여를 이루려면 평생학습이 있어야 하지 않느냐."라고 하면서 "근로 시간이 전 세계에서 가장 길다는 걸 자랑으로 삼지 말고 이제는 직장 내 평생학습을 통해 가정과 직장의 균형을 이루고, 기술 경쟁력을 높이고, 직장 내의 사고나 결함을 최소화하는 사회를 만들 수 없겠느냐."라고 해서 만들어진 위원회입니다. 무역 입국만이 아니라 이제는 사람에 투자해서, 모두가 혁신과 창업의 주인이 되는 그런 사회를 만들자고 한 것이지요.

이 위원회에서 뉴패러다임센터가 만들어지고, 제가 2년 동안 함께 했지요. 뉴패러다임센터는 2008년까지 존속을 하다가 새 대통령이 정반대의 길을 가니까 빙하기를 거치다 끝내 문을 닫고 말았습니다. 그 센터의 정신을 나름대로 제가 인수해서 지난 9년째 유지하고 있는 게 뉴패러다임인스티튜트입니다. 이번에 국제노동고용관계학회에서 'LLL-88000'(직장 내 평생학습)의 새로운 표준에 대한 제안과 선언을 유도한 곳이 바로 이곳입니다. 노무현 대통령이 만든 국가 연구소가 폐쇄되니까 민간이 그 정신을 이어서 한 것입니다.

서울 선언 다음 프로그램이 궁금합니다.

서울 선언에 외국인들만 사인을 많이 할 게 아니라 국내에도 많이 알려져야 합니다. 사회 각계에서 알게 할 필요가 있고, 정부가 한 번 더 교육을 국가의 5대 전략에 넣어서 재래식 교육이 아니라 다른 나라에서 성공하고 있는, 현장에서의 자발적 학습 체제로 보완하면 우리에게도 새로운 기회가 올 수 있습니다.

국제적으로는 선진 5~6개 지역의 생태 시스템(교육 포함)을 서로 교환해 센터가 생기면, 그 센터들이 세계 표준을 만들어서 대기업, 중견기업, 소기업, 스타트업, 벤처 기업 등 기업 규모별로 성공 사례를 활용해 평생학습을 도입하는 겁니다. 또 그것을 활용한 전 사원의 경영 참여가 이루어지면 혁신과 창업 활성화가 가능하고요. 세계 표준 채택까지 빠르면 5년, 길면 10년 정도 걸릴 것 같습니다. 그 과정 속에서 중국 모델보다는 미국 실리콘 밸리 모델을 바탕으로 한 학습 체제를 한국에 연결시켜 한국 젊은이들이 국내에서 일자리를 찾다가 마음에 안 들면 우리보다 10배 이상 큰 미국에서 찾을 수 있도록 징검다리 역할을 한다든가, 유럽 등에서의 창업 운동을 연결해 주는 게 서울 선언에 참여한 사람들의 국제적 역할이라고 봅니다.

사실 국내에는 4차 산업 혁명을 가르칠 교수조차 없어요. 왜? 재래식 교육을 받고 과거 경험밖에 없는 분이 새로운 기술로 박사 학위를 받으려면 시간이 너무 걸리는 것이지요. 박사 학위 받고 가르치려고 보면 이미 10년 전 기술입니다. 그러니 요즘은 아주 특별한 분야가 아니면 현장이나 프로젝트 베이스로 학습할 방법밖에 없는 것이고요.

우리나라에서 평생교육을 공약화했던 최초의 정치인이었는데요, 정치한 거 후회하십니까?

아휴 뭐, 행복했지요. (웃음) 다만 제가 기업을 더 잘할 수 있었는데, 전 세계적인 위기가 오니까 국민들한테 알리기 위해서 나갔던 거예요. 단기간에 그렇게 폭발적인 지원을 보내 주실 줄 알았더라면 사실은 더 많은 준비를 했어야 하지요. 특히 서울 은평구에 나가 국회의원으로 압도적 당선을 했을 때는 그간 기업인으로서만 활동해 왔던 게 미안했어요. 저만 잘 살고 이 어려운 현장을 외면했구나 싶었지요. 곳곳에 다 다른 필요성과 다른 기회가 있는데, 그런 걸 일반화해서 획일적으로 쉽게 해결하려고 했던 것에 대해서 반성을 많이 했습니다. 수많은 젊은이들의 끓어오르는 애국심, 또 사회 혁신에 대한 열망을 보며 후배들이 잘하기를 바랐는데, 요즘 보니까 후배들이 기대한 것보다 훨씬 더 잘하고 있어 참 좋습니다.

관건은 시민과 근로자의
자발적 학습 체제 구축

공공 부문의 평생학습 정책이나 사업에 대해 특별한 조언이 있으실 것 같습니다.

2010년부터 약 9년 정도의 공백이 있으니까 함부로 언급하긴 좀 어렵고요, 다만 공공 부문과 민간 부문과 시민 사회 부문이 동떨어져 있으면 안 될 것 같아요. 우리가 교육으로 입국한 나라지만, 이젠 평생학습으로 재입국, 재도약해야 합니다. 25세까지 공교육에 취해서 그다음 50년의 평생학습 기회를 소홀히 하다 보니까 기술이 2~3년이 멀다 하고 바뀌는 세상에 준비가 덜 되어 있어요.

국제 사회에 원조를 요청하거나 협력을 요청하면 금세 달려올 겁니다. 평생교육 세계에는 '국경없는의사회'처럼 국경을 넘은 협력 체제가 있어 문호를 열어 놓고 있거든요.

중요하게 고민할 문제는 이겁니다. 외국은 평생학습을 자발적으로 하는데, 우리나라는 군대 문화가 남아 있어서 그런지 평생학습마저도 군대식으로 하려고 해요. 학습과 교육도 경영처럼 소비자, 즉 근로자나 시민 중심이 되어야 하는데, 진흥원이나 공무원 교육원, 기업의 큰 연수원들은 자꾸 군인을 만들려고 해요. 독일 병정같이 굳건한, 애사심이 넘치는 사람을요. 그런데 그렇게 성공한 경우가 공산주의 국가를 포함해서 하나도 없거든요. 수백만 명이 각각 다른 장점과 다른 여건 속에서 다른 기회를 가지고 있는데, 전부 다 같은 사이즈의 옷을 입을 수는 없잖아요? 개개인의 장점과 기회를 연결시킨 자발적 학습 체제가 성공했지, 획일적인 과정을 마치면 증명서 주고 학위 준 데는 다 실패했어요. 독일과 미국 실리콘 밸리가 왜 성공했는가를 살펴보면 전통 대학이 기득권을 포기했기 때문이에요. 기득권이 모든 사람을 증명서나 학위로 통제하거나 구별하려고 했던 것을 극복했기 때문에 성공했지요.

유한킴벌리가 3일 일하고 3일 쉬던 그 시절에 어떻게 했냐면, 먼저 직원 본인들이 하고 싶은 것부터 하게 했어요. 아내하고 싸우지 않는 방법, 자녀들과 의견이 다를 때 극복하는 방법, 디지털 디바이스에 의해 자녀들과 원활하게 의사소통이 안될 때 이를 해결하는 방법 등 가정사를 해결하는 데 주력하게 하고, 그다음에 취미, 즉 낚시나 등산 같은 자기 몸을 건강하게 하는 데 시간을 쓰게 했어요. 그런 걸 다 하는 데 반년도 안 걸려요.

그렇게 반년을 기다려 주니까 사람들이 스스로를 직장의 노예 혹은 단순히 공돌이, 공순이가 아니라 지역 사회의 변화를 이끄는 주인공으로 생각하기 시작했어요. 내가 회사에서 이렇게 사고를 줄일 수 있구나, 이렇게 낭비를 줄일 수 있구나, 이렇게 결함을 줄일 수 있구나, 하게 됐죠. 이게 빠른 사람은 6개월도 안 걸리고요, 버티고 버티던 사람들도 3년 이내에 다 자발적으로 기술교육이나 과학교육에까지 관심을 갖게 되더라고요. 그러니까 평생학습에서는 기다려 주는 인내심도 중요합니다.

옛말에 3명이 길을 가면 그중 1명은 스승이 있다고 했지요. 서울시에서도 서울시를 넘어 나라 전체를 보면서, 모든 일자리와 세상 도처가 평생학습의 터전이고 혁신과 성장의 터전이라고 생각해 주시면 좋겠어요. 예산은 서울시에서 나오는지 모르지만 그 역할은 전 국민과 아시아, 세계 사회를 바라보는 것이어야 해요. 그래야 4차 산업 혁명 과정에서 혜택자가 더 많아질 겁니다. 일자리가 수백만 개 생길 거고, 그 일자리 하나하나가 다 평생학습의 기회이고 혁신과 성장의 터전 아니겠어요? 그래서 평생학습에 우리의 미래가 걸려 있습니다.

평생학습과
일자리는
생명력과 발전의
원천이다.

문 국 현

생명의 길, 평화의 길을
꿈꾸며

정성헌

정성헌 ● 새마을운동중앙회 회장

1944년 강원도 춘천에서 태어났다. 춘천고등학교를 나와 1969년 고려대학교 정치외교학
과를 졸업했다. 대학 1학년 때인 1964년, 한일 회담 반대 시위에 참여해 처음으로 감옥살
이를 한 뒤 줄곧 민주화 운동과 농민 운동, 생명 및 생태 운동을 펼쳐 왔다.
한국가톨릭농민회 부회장, 민주통일민중운동연합 상임집행위원, 민주헌법쟁취국민운동
본부 상임집행위원, 우리밀살리기운동본부 본부장, 민주화운동기념사업회 이사장을 역임
했다.
일찍이 생명 및 생태 운동의 중요성을 절감하고 이 분야에 뛰어들어 한국DMZ평화생명
동산을 설립했다. 2018년 3월부터 제24대 새마을운동중앙회 회장으로 재직 중이며, 한국
DMZ평화생명동산 이사장도 겸임하고 있다.

"근면, 자조, 협동". 40~50대 중년 이상의 대한민국 국민이라면 자다가도 툭 치면 술술 나오는 새마을운동의 3대 정신이다.

2018년 3월, 제24대 새마을운동중앙회 회장에 취임한 정성헌 한국DMZ평화생명동산 이사장은 이 3대 정신을 역사의 뒤안길로 보내는 대신 '생명, 평화, 공경'이라는 새 가치를 높이 들고 '새마을운동 시즌 2'를 준비하고 있다. 정 회장은 취임하자마자 "문명의 대전환기를 맞아 생명·평화·공경 운동으로 새로운 문명 사회를 건설할 것."을 새마을운동의 새 목표로 정하고, 운동의 방향도 생명과 환경의 위기 등 사회 상황의 근본적 변화에 대응하는 쪽으로 전면 전환해야 한다고 강조하였다.

'새마을운동중앙회 회장 정성헌'이 특별히 눈길을 끄는 이유가 있다. 우선 그의 삶의 궤적이 새마을운동중앙회의 수장 자리와 애당초부터 어긋나 있다는 것이다. 고려대 정외과 1학년 때인 1964년, 굴욕적인 한일 회담에 반대하는 6·3 시위에 참여해 첫

투옥된 뒤 거의 모든 역사적 전환기를 정면으로 돌파해 온 '진보 진영의 원로'가 박정희 전 대통령의 가장 큰 정신적 유산의 상속 자가 된 셈이니, 맞지 않는 옷을 걸친 셈이다. 한국가톨릭농민회 부회장과 민주통일민중운동연합 상임집행위원, 민주헌법쟁취국 민운동본부 상임집행위원, 우리밀살리기운동본부 본부장, 민주 화운동기념사업회 이사장 등의 경력이 말해 주듯, 그는 민주화 운동의 산증인이자 농민 운동의 대부다. 이런 사람이 새마을운 동의 전국 책임자 자리를 맡았다는 사실은 관심을 넘어 흥미를 끌기에 충분하다.

정성헌 회장을 인터뷰하기 위해 경기도 성남 율동공원 근처 새마을운동중앙회 회장 집무실을 찾은 것은 초가을의 정취가 물 씬 묻어나는 2018년 9월 17일 늦은 오후였다. 수풀이 우거진 야 트막한 산자락에 포근하게 자리 잡은 중앙회 부지에는 본부 건 물과 별도로 연수원 강의동과 대강당 등이 제각기 자기 기능에 알맞게 자리를 차지하고 있었다.

운동의 현실성에 직면해
큰 문제를 다루자면

아, 인터뷰하기 전에 보여 줄 게 있어요. 지금 이 탁자 위에 참기름 한 병이 있는데, 이게 영농형 발전을 하는 농지에서 유기농으로 지은 깨로 만든 참기름입니다. 진짜배기 참기름이지요. 영농형 태양광 발전이란 게 무언지 잘 모를 텐데, 본격적인 인터뷰를 하기 전에 나하고 밖에 나가서 뭘 좀 보고 옵시다. 내가 와서 여기 부지 곳곳을 갈아엎고 유기농 텃밭을 새로 조성했는데, 그걸 봐야 해요.

인터뷰 팀 일행은 그를 따라 회장 집무실을 나섰다. 본부 건물과 연수원 강의동 사이에 있는 꽤 널찍한 공간들이 이미 갈아엎어져 텃밭으로 바뀌어 있었다. 거기에는 음양오행에 맞춰 동쪽에

는 부추 등 간과 담에 좋은 파란색 식물들이, 서쪽에는 파와 도라지 등 폐에 좋은 하얀색 식물들이 줄지어 심어져 있었다.

일단 이렇게 시작을 해 놓으니 중앙회 직원들이 부서별로 김매기를 하는 등 자발적으로 가꾸게 되더라고요. 숲에 나무를 심을 때도 환경에 더 좋은 나무를 심어야 합니다. 큰 나무보다 작은 나무들이 광합성을 많이 하고 산소를 많이 내뿜지요. 우리나라에 흔하게 심겨 있는 일본 잣나무의 경우, 다른 식물들이 기피하는 성분을 가지고 있어 종다양성을 해칩니다.

정 회장의 설명을 들으면서 중앙회 부지를 돌아보던 중 한창 포클레인으로 땅을 다지고 있는 곳에 이르렀다. 이곳이 바로 영농형 태양광 발전을 위한 시험 단지라고 했다. 직접 태양광 발전을 하며 유기농 농사를 짓고, 계산을 뽑아 수익을 낸 성공 모델을 전국 곳곳으로 확산하기 위한 시범 사업이란다.

일본에는 태양광 발전 단지가 전국에 1천500여 군데 있는데, 한국에는 아직 한 곳도 없어요. 여기 새마을운동중앙회에서부터 시작해 전국에 만 군데를 만드는 것이 목표입니다. 이 밭에서는 오는 10월부터 쌈채소 등 농사를 지어 먼저 새마을운동중앙회 연수원 구내식당에 공급할 예정입니다.

그는 민주화 운동의 최전선에 있을 때도 평범한 사람들, 특히 농민이나 서민 들이 살아가는 현장을 떠나지 않았다. 그래서일 까? 운동의 앞길에서 격렬한 저항의 몸짓으로 살아온 많은 사람 들이 대개 이상주의자인 데 반해 그는 실질적 대안을 모색하고 운동의 현실성을 고민했다. 이런 모색과 고민은 일찍이 생명 및 생태 운동으로 그를 안내했고, 그리하여 정 회장은 우리나라에 서 가장 현실에 근접한 생명운동가이며 가장 설득력 있는 생태 이론가로 우뚝 서게 됐다.

박정희 전 대통령 시절부터 모두 네 번 감옥살이를 했습니다. 박 정권으로부터 극심한 탄압을 받았던 분이 박 전 대통령이 남겨 놓은 가장 큰 조직의 수장이 됐는데, 감회가 남다를 것 같습니다.

이 자리를 맡은 뒤 했던 모든 인터뷰의 첫 질문이 그거예요. 박 전 대통령에게 그렇게 고통당하고, 어떻게 이 조직을 맡았느냐? 저는 단순하게 생각합니다. 역사 속에서 산업화와 민주화의 공과를 따져 보면, 산업화는 가난을 벗고 밥을 먹어 보자는 것이었고, 민주화는 사람이 밥만 먹고 사냐, 말을 제대로 하고 살자는 것이었지요. 이 둘은 대립되는 게 아니라 크게 보면 서로 승수 작용을 하는 것입니다. 역사의 어느 단면에서는 대결했는지 몰라도, 크고 길게 보면 밥과 말이 같이 되는 세상을 만들어 가자는 것이지요. 지금 우리는 밥은 먹고 살잖아요? 말도 마음대로 하지 않습니까? 산업화와 민주화가 상생 작용을 해서 함께 이룬 성과입니다. 그렇다면 이런 이분법적 과거

정성헌

는 극복을 하고, 이제는 다른 질문을 던져 봐야 한다는 겁니다.

밥도 먹고 말도 하는데, 그렇다면 우리의 삶은 지금 안전하고 행복한가요? 그렇지 않거든요. 먼지 걱정, 물 걱정, 더위 걱정 따위를 한단말이에요. 이런 큰 문제를 정직하게 다루는 게 중요하지, 과거에 연연해 박정희와 김대중을 말하는 건, 작은 이야기입니다.

운동과 생활이 하나 되는
'도술'이 뛰어난 사람 교육

꽤 오래된 조직인데, 정권이 바뀌면서 부침도 많았을 것 같습니다.

1970년에 당시 박 대통령이 새마을운동을 처음 제창했지만, 그때는 운동을 강조했고 조직은 만들지 않았어요. 정신교육을 하고 성공사례를 만들어 확산하는 캠페인성 운동을 한 겁니다. 별도의 특별법이 제정돼 전국적인 조직이 만들어진 건 1980년 신군부 시절이었지요. 그 뒤로는 고위 공무원이나 대기업 임원 들은 의무적으로 새마을운동중앙회 연수원에서 교육을 받아야 했고요. 그러다가 1992년 김영삼 정권의 문민정부가 들어서고 자율화됩니다.

많은 사람이 여전히 새마을운동을 관변 운동으로 착각하지만 1990년대에 이미 조직이나 운동의 성격이 많이 바뀌었지요. 지금도 새마을운동에는 정부 예산 지원이 없습니다. 취임해서 들여다보니 얼마나 돈이 없었으면 작년에 24억 원이나 꾸었더라고요. (웃음) 예산 지원은 없지만 교육 기관이니까 법에 의해 시설 보강 등의 지원은 계속되고 있습니다. 그래서 제가 취임하면서 정신교육만으로는 안 된다, 민주시민교육, 적정 기술에 대한 교육, 4차 산업 기술에 대한 교육 등 새로운 교육을 바로 여기 새마을운동중앙회 연수원에서 하겠다, 이렇게 정부에 건의했고, 행정안전부에서 이 건의를 받아들여 새로운 교육 시설로 지원하기로 확정됐습니다.

아하, 그럼 새마을운동중앙회 연수원이 저희 서울시평생교육진흥원과 경쟁 관계에 있는 셈이네요? (웃음)

경쟁자가 아니라 동업자지요. (웃음) 우리가 장소 제공은 할 테니, 전문성이 있는 평생교육진흥원 쪽에서 인재와 콘텐츠를 지원해 주면 좋겠습니다. (웃음)

저는 운동이 생활과 하나가 되어야 한다는 의미에서 "도술이 뛰어나야 된다."라는 말을 합니다. 여기서 '도'는 운동성과 대의명분, '술'은 방법입니다. 어떤 사람은 도는 뛰어난데 술이 엉망이고, 어떤 사람은 술은 잘하는데 도가 없어요. 저는 이 두 가지가 다 뛰어난 사람을 만들고 싶은 겁니다.

그는 새마을운동중앙회 연수원장도 겸임하고 있다. 연수원에는 일주일에 한 번, 200~400여 명의 전국 지도자들이 와서 교육을 받는다. 2박 3일 일정으로 매일 아침 6시부터 밤 10시까지 빽빽하게 짜인 시간표 아래 강의와 사례 발표, 분임 토의 등을 한다. 함께 밥을 먹고 건강 노트를 쓰며 일과를 마무리한다. 인터뷰 당시 교육을 마치고 나간 기수가 무려 2,321번째 기수다.

아마 새마을운동 조직이 현존하는 사회단체 조직 가운데 가장 방대한 전국 조직일 것 같은데, 조직 현황은 어떻습니까?

이곳에 중앙회가 있고, 그 아래 17개 시도 광역 지부가 있습니다. 그 밑에 227개 시군구 지회 조직이 있고요. 읍면동에는 3천 개가 넘는 실핏줄 조직이 있고, 그 아래 또 마을 조직이 있습니다. 새마을운동 관련 단체들도 있고요. 새마을지도자중앙협의회, 새마을부녀회중앙연합회, 직장·공장새마을운동중앙협의회, 새마을문고중앙회, 새마을금고중앙회 등등.

이렇게 다 합하면 새마을운동 회원이 전국에 206만 명에 이릅니다. 그중 8할이 여성이에요. 어디서나 여성들이 봉사 활동을 많이 하잖아요? 다만 자체 반성을 하면서, 왜 새마을운동에는 젊은 사람들이 없냐, 대가 끊기냐, 이런 얘기들이 나오고 있습니다. 바로 그래서 제가 새로운 운동을 하려는 겁니다.

새마을운동의 가치와 방향을
전면 전환한 역사적 결정

제가 중학교 다닐 때 "근자협, 근자협." 하면서 새마을운동의 3대 정신

을 외우고 다녔습니다. 근면, 자조, 협동이었는데, 사회 시험에 단골로 출제되는 것이었지요. 새로운 운동을 시작한다면 이 정신, 이 목표가 바뀌는 건가요?

그렇습니다. 지난 6월 11일 열린 중앙 이사회에서 제가 새마을운동의 새 추진 방향을 발표했습니다. 그게 바로 '생명, 평화, 공경'이라는 3대 목표입니다. 그 발표 뒤 생명, 평화는 알겠다, 근데 공경은 또 뭐냐, 이렇게 묻는 사람들이 많더라고요. 그래서 "봉건 시대 용어처럼 느껴질지 모르겠는데, '나이 어린 사람이 나이 많은 사람을 존중한다'는 의미가 아니라 '자기가 겸손하게 상대방을 존중하는 것'이 바로

정성헌

공경입니다." 이렇게 대답합니다.

나는 아주 현실적인 사람이에요. 그래서 현실적인 필요 때문에 공경 운동을 하자고 한 겁니다. 예를 들어 올해 우리 사회를 달군 미투 운동을 봅시다. 미투 운동이 주창하는, 남성 지배 구조를 폭로하고 여기에 항의하는 건 당연하다고 봅니다. 그러나 그게 어떤 과정을 거쳐서 어떤 결말에 도달할지는 대개 짐작이 가잖아요? 일대일의 대립 구도로, 여성과 남성이 싸우는 구도로 간단 말이에요. 그렇게 되면 원래 미투 운동을 했던 여성들이 이루고자 하는 세상이 아니라 더 나쁜 세상이 오게 되어 있습니다. 미투 운동이 제대로 되려면 생명으로서 인간을 존중하는 마음이 바탕이 되어야 한다는 겁니다. 그렇지 않으면 남혐, 여혐이 되어 버리지요.

대표적인 게 학교인데, 학생 인권 운동의 경우에도, 우리 애가 따귀를 맞았다, 폭언을 들었다 하면 자세히 알아보기도 전에 우선 인터넷에 올리고, 학교 가서 따진단 말이에요. 그럼 학교는 그 순간 교육 기능이 중단되고, 선생과 학부모가 싸우는 곳이 되어 버립니다. 학부모가 스승을 공경하고, 아이들이 스승과 부모를 공경하고, 선생은 아이들과 부모를 공경하는 분위기가 되어야 진짜 학생 인권이 보장되는 것이지요.

나는 운동이 성공하기 위해서는 한 차원 높은 걸 추구해야 한다고 봐요. 즉 개혁을 하고 싶으면 혁명을 추구하고, 혁명을 하고 싶으면 개벽을 추구해야 잘된다는 겁니다. 한마디로 요약하자면, 돈 얘기를 하기보다는 사람 사는 얘기를 많이 하자, 그런 말씀이지요.

정성헌 회장이 이끄는 새마을운동중앙회는 지난 6월 중앙 이사회를 열어 반세기 가까이 지속된 새마을운동의 가치와 방향을 전면 전환하는 역사적인 결정을 했다.

이날 정 회장은 오랫동안 새마을운동을 펼쳐 온 참석자들 앞에서 "현재 우리나라는 전면적이고, 총체적이며, 지속·심화되는 복합 다중의 위기 상황에 놓였다."라고 진단한 뒤 "생명의 위기, 사회 공동체와 삶의 위기, 인간성의 위기 등 3대 위기를 맞아 운동의 대전환이 절실하다."라고 강조했다. 이렇게 해서 내려진 결론이 "생명, 평화, 공경으로 새로운 문명사회를 건설한다."라는 것이었다. 이런 목표를 달성하기 위해 생명 살림 운동과 평화 나눔 운동, 공경 문화 운동, 지구촌 공동체 운동 등 4대 운동을 전개하자는 이날의 결정은 우리나라 최대의 단체가 50년 가까이 지속해 온 가치와 지향을 버리고 이 자리에 새 목표와 방향을 채워 넣은, 역사적인 결정이었다.

문명의 반생명성과 폭력성에 저항한
우리 밀 살리기 운동

운동권 출신으로는 일찌감치 생명, 평화, 생태 운동 등에 관심을 가지셨는데, 처음 이런 쪽의 운동을 시작한 게 언제입니까?

이 질문은 우리나라 전체 운동과도 관련이 있으니까 설명이 필요한 것 같습니다. 1970년대에는 농촌에서 비료와 농약을 사용해 식량을 증산하는 녹색 혁명이 일어났습니다. 비슷한 시기에 도시에서는 중화학 공업이 시작되었고요. 이때 '공해'라는 단어가 처음 생겼습니다. 인류 전체적으로 보면 총 생산량이 총 수요를 넘어선 최초의 시대가 1970년대입니다. 생산이 넘치니까 쓰레기가 나오고 공해 문제가 대두된 것이지요. 그때 가톨릭농민회에서 농약 문제가 심각하다는 판단을 하고 이를 해결하기 위해 효소 농법을 시작합니다.

1980년 광주 민주화 운동 이후, 가톨릭농민회에서 내부적으로 반성을 하면서 이 모든 것들의 뿌리가 되는 원인이 무엇이냐 따져 봤더니 현대 과학 기술 문명의 반생명성, 폭력성이라는 결론에 도달했습니다. 이게 해결되지 않으면 안 된다는 결론이 나왔지요. 그런 과정을 거쳐 두 가지 구호가 만들어집니다. 하나는 '농촌 사회의 민주화'였고, 또 하나는 '공동체적 삶의 실현'이었지요. 그런데 당시에는 민주화가 사회적으로 큰 화두였기에 둘 중 민주화에 치중했고, 자본과 과학을 넘어 모든 인간과 생명체가 공동체적 삶을 실현하자는 두 번째 목표는 뒤로 미뤄지게 됐습니다. 그러다 1987년 6월 항쟁 이후 생명운동이 본격적으로 시작된 것입니다.

당시 생명운동을 대중적으로 퍼뜨리기 위해 시작한 게 바로 우리 밀 살리기 운동이었어요. 1989년부터 준비를 해서 1991년에 시작했지요. 운동을 하려면 꼭 준비를 해야 됩니다. 준비 없는 운동은 없어요. 내가 수십 년 운동을 해 왔지만 운동에서 자동적인 발화는 본 적이 없습니다.

우리 밀 살리기 운동을 할 당시 건빵 이름을 제가 '우리 밀 2.5 건빵'이라고 지었습니다. 무슨 뜻이냐 하면 우리 밀 한 평을 심으면 산소 2.5kg이 나온다는 의미지요. 수입 밀은 수입할 때 15종의 농약과 방부제를 치지만, 우리 밀은 늦가을에 심고 봄에 수확하니까 병충해가 없어 농약을 안 쳐도 됩니다. 그러니 건강에 훨씬 좋지 않겠어요? 그런데 이런 건 누구나 쉽게 이해할 수 있잖아요? 그래서 대중적으로 널리 알려지게 된 겁니다. 1인당 만 원씩 내서 우리밀살리기운동본부 주주가 되자는 운동을 했는데, 15만 8천 명이 모여 1990년대 초반에 38억 원을 모았습니다. 당시 한겨레신문사 주주가 7만 명이었는데, 우리밀살리기운동본부 주주가 15만 8천 명이면 엄청난 수인 셈이지요. 한겨레신문사는 말, 우리밀살리기운동본부는 밥에 관한 운동 아니겠습니까?

우리 밀 사업의 수익은 어땠습니까? 지속 가능성 측면에서 수익을 따지지 않을 수 없는데요.

초기에는 수익을 냈어요. 그러다 밀의 양이 늘어나니까 수매 자금이 없어 농협에서 돈을 꿨는데, 이자와 창고 보관료로 많이 나갔지요. 사실 농민들에게 대출하는 정책 자금 이자는 5%인데, 우리 밀 살리기쪽에는 일반 금리를 적용해 12.8%를 받았어요. 실제로 땅을 정상화하고 생태계를 회복하는 국민운동에 역대 정권은 관심이 없었던 겁니다. 정책 금리 5% 해 주는 게 뭐가 어렵습니까? 내가 본부장을 할 때하는 일이란 게 돈 꿔서 이자 돌아오기 전에 갚는 거였어요. 그때 중소기업 사장들의 애환을 훤히 꿰게 됐다니까요.

지금은 우리 밀 시장이 어마어마하게 커졌지만, 당시에는 조금만 생산이 많아지면 재고가 쌓였어요. 그게 우리 밀이 수입 밀보다 약간 더 비싸서 그런 건데, 사실 그렇게 비싸지 않거든요. 2천 원이면 우리 밀 국수 4인분을 살 수 있거든. 국민들에게 호소하고 싶어요. 많이 먹어 달라고.

생명 공동체 안에서
평화롭게 살아가려면

얼마 전에 어떤 자리에서 우연히 만난 김부겸 행정안전부장관이 그러더라고요. "정성헌 형님이 특유의 장점을 살려 개혁의 '개' 자도 꺼내지 않은 채 새마을운동을 조용히, 그러나 근본적으로 바꾸고 있다."라고요. 새마을운동 조직처럼 오랜 기간 관변 단체로 온존해 온 데다 덩치까지 큰 조직은 그리 쉽게 바뀔 것 같지 않은데, 근본적 변화를 추진하는 데 큰 어려움은 없나요?

어려움, 힘든 거, 하나도 없습니다. (웃음) 생각보다 좋은 사람들이 이 안에 많아요. 그걸 바깥 사람들이 모를 뿐이지요.

여기 와서 현장 지도자들을 많이 만났어요. 이분들 상당수는 자기 운동에 대한 자부심이 대단하더라고요. 봉사할 자세와 의욕도 상당하고요. 반면, 이분들이 신바람 나서 운동을 하고 싶은데, 요즘은 그런 신바람이 통 안 난다는 거예요. 그러니까 신명이 나도록 이분들한 테 올바른 목표와 방향만 제시하면 엄청난 일을 할 수 있는 잠재력이 있는 조직이 바로 새마을운동인 것이지요.

간혹 간부들이 "우리 새마을운동 대회에 대통령님이 한번 오시면 좋겠다."라고 해요. 그러면 제가 대답합니다. "우리가 잘해서 스스로 찾아오게 하는 게 운동이지, 대통령 안 온다고 와 달라고 하는 건 운동이 아니다. 우리가 부르는 게 아니라 잘해서, 소문이 나서 그쪽에서 찾아오게 해야 한다." 간부들의 마음은 이해하지만, 운동은 자기에게 엄격해야 하는 것이니까요.

예를 들어 '한 자녀 더 갖기 운동' 같은 거, 새마을운동에서도 열심히 합니다. 정부에서 하니까. 그런데 나는 거기에 대해 다시 생각해 보자는 겁니다. 두 가지만.

첫째, 전 지구적으로는 인구가 줄어야 좋다, 지구의 인구는 30억 명이 최적인데, 현재는 70억 명이다, 지구의 생태 용량으로 보면 인구가 줄어야 된다, 물론 국가주의적으로 보면 자기 나라 인구는 늘어야 되겠지만. 또 하나는, 지금 아이들을 하나 더 낳아서 그 아이들이 성인이 될 25년 후의 한반도 기후는 어떨까? 그런 가혹한 기후 조건에서 살라고 하는 건 무책임한 것이 아닌가? 그러니 아이들이 제대로 살 수 있는 조건을 만들어야 하지 않겠나? 태어난 아이가 축복받은 삶을 살 수 있도록 해야 운동이지, 아이 하나 더 낳는 게 중요한 게 아니다, 이렇게 말합니다. 그런 것을 생각해 보는 게 운동이지, 정부가 한다고 덩달아 하는 게 운동이 아니라는 거지요.

정성헌

중앙회장이자 연수원장이기도 하시니 단도직입적으로 묻겠습니다. 교육이 사람을 바꿀 수 있습니까?

교육은 사람을 바꿀 수 있는 가장 유력한 수단입니다. 엄밀히 말해 종교도 교육이지요. 석가모니가 깨달음을 얻고 45년간 각지를 돌아다니며 설법했고, 예수도 3년간 여기저기 다니며 설교했습니다. 저는 이들이 유목형 교육자라고 봐요. 그러니까 교육이 사람을 바꿀 수 있는 유일한 수단은 아니지만, 가장 유력한 수단인 건 맞다는 생각입니다.

지금 우리나라는 고령화 사회를 넘어 고령 사회에 진입했습니다. 이제 고령 인구의 생산적 활용이 아주 중요한 화두입니다. 인생 2모작, 3모작을 이야기할 정도로 수명도 늘어나고 있고요. 농촌 운동을 오래 하셨고, 최근까지 강원도 인제에서 DMZ 평화 운동을 펼치기도 하셨는데, 우리 농촌 시골 마을의 고령 인구에게 접근할 수 있는 교육 방법은 뭐가 있을까요?

평생교육을 공무원인 자치행정과 계장이 맡아 하다 보니 실적 위주로 하고 있더라고요. 그건 문제지요. 한편으로 노인 대상 교육을 할 때 많은 강사들이 '어르신'이라면서 떠받들어 주는데, 나는 그러면 안 된다고 봐요. 나는 노인들에게도 이야기합니다. '어르신' 같은 말 좋아하지 마라, 당신이 인생과 사회의 주인공으로 죽을 때까지 자기 정신을 가지고 살아가는 게 좋은 것이지, 대접받는 게 좋은 것이 아니다, 대접받는 것보다 대접하는 게 좋다, 어르신이란 말은 대접받는 말이니 그 말을 거부하고 주인공으로 살아가자, 이렇게요.

제일 중요한 건 자기 스스로 공부하는 자세가 되어야 한다는 것입니다. 세상에 세 가지 공부가 있는데, 제일 쉬운 게 책 공부, 두 번째가 사람 공부, 즉 나보다 나은 사람에게서 배우는 것이지요. 그리고 세 번째가 마음 공부입니다. 진짜 공부를 하려면 안 보이는 걸 봐야 해요. 안 보이는 걸 보는 게 지혜이고, 책으로 공부하는 건 지식입니다. 인터넷 찾아보고 아는 건 정보라고 하고요. 지혜가 많은 사람이 지식이 많으면 좋고, 지식이 많은 사람이 정보가 많으면 좋은데, 요즘 사람들은 거꾸로 돼서 지식은 없고 정보만 넘치게 알지요.

그러니 우선 책 공부부터 하고, 좋은 사람을 찾아가든지 불러서 사람 공부를 하고, 마지막으로 마음 공부를 하면 돼요. 마음 공부는 특정한 방법이 없고 사람마다 달라요. 내가 하는 방식은 입장을 바꿔놓고 생각하는 겁니다. 애들과 대화가 안되면 애들 입장이 되어 생각하고, 며느리와 대화가 안되면 며느리 입장에서 생각하는 겁니다. 끊임없는 연습이 필요해요.

인제군에서 이런 강의를 했어요. 아이들에게 좋은 자연환경을 물려주기 위해 한 마을당 개울 하나를 맡아서 깨끗하고 아름다운 개울을 만들자고요. 우리나라 농촌 마을이 3만 6천800곳 있고, 개울이 3만 5천 개 정도 있거든요. 그러니까 한 마을에서 하나씩 맡으면 돼. 깨끗하려면 쓰레기 치우면 되고, 아름다우려면 뭘 하면 되냐 했더니 뚝방에 꽃을 심으면 된다 그래요. 그래서 내가 평수 계산을 해서 한 평에 야생화 80개, 약초 70개를 심으면 된다고 알려 줬어요. 천 평이면 8만 개가 피는 것이지요. 얼마나 아름답습니까? 이걸 군청에 가서 돈 내놓으라고 하지 말고 스스로 해라, 그러면 군수가 소문을 듣고 도와주겠다 해도 안 받아야 된다, 사정사정하면 마지못해 받아야 그게 어른이고, 그게 바로 운동이다, 이렇게 얘기했습니다. 실제로 그해에 인제군에 네 군데 아름다운 개울이 생겼어요. 이렇게 정보와 지식과 지혜를 끊임없이 계발하게 해 주는 것이 평생교육 아닐까요?

디지털 문명이 생활 패러다임 전체를 바꾸고 있습니다. 그렇다고 이걸 거부할 수도 없고요. 바람직한 삶을 살기 위해 디지털 문명을 어떻게 봐야 하는지, 원로 생명운동가의 견해를 듣고 싶습니다. (웃음)

과거에는 TV가 일반화될 때 '바보 상자'라고 하면서 문명 비판적인 용어로 조롱을 했잖아요? 그런데 요즘은 휴대폰을 '스마트폰'이라고 칭송한단 말이에요. 결코 스마트하지 않은데. 현대 지성 사회가 문명 비판적인 시각이 너무 약화되고 디지털에 압도되어 있다는 방증이지요.

그러면 이걸 어떻게 해야 되나, 결국 평생교육의 힘으로 바꿀 수밖에 없는 겁니다. 그렇게 하려면 지금처럼 교육해서는 안 됩니다. 지금은 똑똑한 사람을 길러 내는 교육을 하잖아요? 물론 똑똑한 사람 중요합니다. 근데 똑똑한 사람, 좋은 사람, 훌륭한 사람을 합쳐야 성공합니다. '지덕체'가 아니라 '체덕지', 즉 몸이 건강해야 되고, 그게 바탕이 된 다음 마음이 건강하고 지식이 많아야 되는, 그런 순서가 맞다는 것이지요. 이렇게 사람 중심의 교육을 하기 위해서는 교육계, 종교계, 언론계가 동시에 나서 줘야 해요. 교육 '개혁'으로는 안 되고 교육 '개벽'이 되어야 교육이 좀 바뀔 겁니다.

오늘 남북 정상 회담이 열립니다. 지난 판문점 회담 때는 새마을운동중 앙회에서 공식적인 지지 성명도 발표했더군요. 평화 운동을 오래 해 온 입 장에서 통일에 대해 한 말씀 해 주시지요.

이번 정상 회담, 나는 잘될 거라고 낙관합니다. 우여곡절이야 있겠 지만요. 분단 70년, 핵무기 25년의 세월이 한꺼번에 해결될 수는 없으 니 너무 성급하게 보면 안 되고요. 빨리 결과를 내려 하지 말고, 제대 로 하는 것이 한결 중요하지요.

그런데 중요한 문제는 따로 있어요. 남북 간에 평화가 정착되고 통 일이 됐다고 칩시다. 그런데 25년 후에 지구 온난화로 이 땅에 사람이 살기 극히 어려워지면 평화가 오고 통일된 게 무슨 의미가 있나요? 한반도 생명 공동체의 바탕 위에서 평화를 이뤄야지, 정치적인 통일이 중요한 게 아니라는 겁니다.

예를 들어 남한은 지난 30년 동안 나무를 108억 그루 심었는데, 북 한은 200억 그루는 심어야 해요. 그럼 북한에 15년 만에 어떻게 나무 200억 그루를 심을 거냐, 그런 구체적인 이야기를 해야 하지요. 일반 인들이 잘 모르고 있는데, 지금 동해가 죽어 가고 있습니다. 바다가 이산화탄소를 제일 많이 흡수해요. 산소도 제일 많이 내뿜고요. 그런 데 온실가스가 너무 많이 배출되니까 바다가 산성화되고, 육지 쓰레 기의 최종 배출장이 바다가 되는 바람에 백화 현상으로 바다 밑의 풀 이 죽어 갑니다. 물고기는 먹이도 없고, 남획으로 씨가 말라 가고 있 고요. 이렇게 죽어 가는 동해를 어떻게 살릴 거냐, 이런 게 논의되어 야 한다는 것이지요.

정성헌

우리가 평화를 이루고 통일을 이뤄도, 후손들이 잘 살 수 있는 바다와 육지를 만들어야 의미가 있는 거 아니겠어요? 핵무기 만들었는데, 사람 살 수 없는 동네가 되면 그걸 어디다 쓸 겁니까? 우리는 통일에 대한 접근 방식이 달라야 합니다. 한국이 전 세계적으로 대평화 운동의 선구자가 될 수 있는 이유이기도 하지요.

생명의 길
평화의 길은
사람과 사람, 사람과
자연을 공경하는 데에서
열린 것입니다.   2018. 9. 17. 새마을운동
정성헌 드림.

정성헌   191

김성수

버려진 사람 하나를
구원하라는 뜻을 품고

김성수 ● 강화도우리마을 촌장, 전 대한성공회 대주교

1930년 인천 강화도 길상면의 한 성공회 가정에서 태어났다. 1964년 서른네 살 늦은 나이에 성공회 사제 서품을 받은 뒤, 1973년부터 1983년까지 대한민국 최초의 지적 장애아 특수학교인 성베드로학교를 만들고 교장으로 일했다.

1984년 주교 서품을 받았다. 1987년 성공회 서울교구장 시절, 정동 성공회 서울주교좌대성당에서 '4·13 호헌 철폐를 위한 미사' 집전을 시작으로 그해 6월 민주 항쟁에 참여하며 우리 사회 민주화를 앞장서 이끌었다.

1990년 대주교 서품을 받은 뒤로는 1993~1995년 대한성공회 초대 관구장, 2000~2008년 성공회대학교 총장을 지냈다. 2004년부터 푸르메재단 이사장으로 일하고 있다. 1999년에는 선친으로부터 물려받은 강화도 땅에 지적 장애인 직업 재활 공동체 '우리마을'을 설립한 뒤 '촌장'으로 지적 장애인들과 더불어 살아가고 있다.

아산상 특별상, 인촌상, 만해대상(평화 부문), 민세상 등 여러 상을 받았다.

194

인천의 강화도 길상면에 있는 '우리마을'에는 발달 장애인 90
여 명이 살고 있다. 한집에서 먹고 자고, 작업장에서 같이 일하고,
함께 소풍도 가고 당구도 친다. 1987년 6월 10일, 독재 정권의
감시와 통제를 뚫고 '6·10 국민 대회'를 위해 시청 앞에 있는 성
공회 대성당을 시민들에게 내주어 역사적인 6월 민주 항쟁의 물
꼬를 텄던 김성수 전 대한성공회 대주교가 이 마을의 '촌장'이다.
　'발달 장애인의 아버지'를 자처하는 그는 1999년, 아버지에게
서 물려받은 강화도 땅 2천여 평에 발달 장애인 직업 재활 시설
인 우리마을을 일구어 20년째 운영하고 있다. 우리마을 장애인
들이 나이 드는 것을 옆에서 지켜본 그는 장애인이 요람에서 무
덤까지 온전한 복지 혜택을 누릴 수 있도록 장애인 전문 요양원
을 우리마을 옆에 조성하기 위해 백방으로 뛰고 있다.
　2018년 올해 나이 89세. 지적 장애아 특수교육 기관인 성베드
로학교 교장을 맡은 1973년 이후 45년 넘게 장애인들의 더 행

김성수　　　　　　　　　　　　　　　　　　　　　　　　　195

복하고 편안한 삶을 위해 애써 온 김성수 주교가 촌장으로 있는 강화도우리마을을 찾았다. 조건 없는 사랑과 계산 없는 나눔, 공부와 학습의 참뜻을 들을 수 있는 몇 되지 않는 우리 사회의 진정한 원로라는 판단에서였다.

중부 지방의 단풍이 절정을 향해 치닫던 2018년 10월 22일 아침, 강화대교를 건너 마니산 쪽으로 한참 달리다 SK 야구단 2군 연습장 쪽으로 좌회전하니 노랗고 빨갛게 물든 은행나무와 단풍나무 사이에 있는 '우리마을'이라는 정겨운 간판이 인터뷰 팀을 맞아 주었다.

장애인을 위한
'요람에서 무덤까지'를 이루고자

여기 공기가 참 좋습니다.

예, 그렇습니다. 여긴 먼지가 하얀데, 서울은 먼지가 까매요.

잠깐 둘러보았는데, 시설이 굉장히 좋네요. 선친에게 물려받은 땅을 기부해서 우리마을을 세운 것으로 아는데, 그렇다면 원래 강화도 출신이십니까?

예, 제가 원래 여기 강화군 길상면 출신이에요. 지금은 집이 헐려없어졌지만 이곳에서 자랐죠. 어머님의 교육열이 엄청 높으셔서 학교는 서울에서 다녔고(배재고, 연세대 신학과), 방학 때만 내려왔습니다.

장애인 자활에 관심을 가진 특별한 계기가 있었나요?

제 인생은, 제가 이걸 하고 싶다 해서 한 건 하나도 없어요. 다 옆에서, 뒤에서, 앞에서, 밀어주고 당겨서 여기까지 왔지요. 주변에서 이걸 하는 게 좋겠다, 저걸 한번 해 봐, 이런 식이었습니다. 하하.

이 장애인 자활 일도 마찬가진데, 영국에 있을 때 전임 주교에게서 연락을 받았어요. 경기도 수원에 성공회에서 운영하는 고아원이 있는데, 다들 연장자라 나가고 맡아서 할 사람이 없으니 당신이 해 보라고. 그런데 한국에 돌아와 보니 수원에는 이미 이방자 여사(영친왕의 부인)가 운영하는 고아원이 있더라고요. 그래서 저는 발달 장애인들의 초등학교라고 할 수 있는 성베드로학교를 서울에 열었지요. 지금 성공회대의 전신인 성미구엘신학원에 작은 집을 빌려 시작했습니다. 그렇게 성베드로학교 10년, 교구장 10년, 목회 10년 하고 은퇴한 뒤 강화도에 와서 우리마을을 하게 됐습니다.

당시 의정부에 아내가 운영하던 장애인 유치원이 있었고, 성공회대 안에 초·중·고는 물론이고 전공과라고 해서 대학교까지 장애인 교육을 할 곳이 있었어요. 요즘은 복지관이 잘되어 있어 졸업 후에도 갈 데가 있지만, 그때는 장애인들이 졸업 후에 갈 데가 없었어요. 부모들도 애들이 졸업하면 어떡하지 하며 걱정을 많이 했고요. 그래서 장애인을 위한 직업 학교를 만든 것이고, 그게 우리마을입니다. 장애인을 위한 직업 학교로는 대한민국에서 여기가 처음이지요.

요즘은 발달 장애인을 위한 요양원 건립을 위해 힘쓰고 계시다고 들었습니다.

해방 후 70년, 나라에서 발달 장애인을 위한 교육은 나름대로 잘해 왔어요. 그런데 노인이 된 장애인들을 위한 시설이나 복지는 전혀 없습니다.

지금 우리마을 최고령자가 쉰일곱 살이에요. 성베드로학교 다니던 친구들이 저와 함께 늙어 가고 있어요. 그 사람들이 나이 든 뒤에도 쉴 곳을 만들어 줘야 합니다. 장애인 엄마들이 항상 하는 말이 있어요. "내가 우리 애들보다 하루만 더 살게 해 주세요." 기가 막힌 얘기 거든요. 자기가 죽고 나면 어디 맡길 데가 없으니까요.

그런 장애인을 위한 양로원을 만들자고 했더니 정부에선 일반 양로원에 보내라고 해요. 발달 장애인이 갑자기 비장애인이랑 살 수 있습니까? 말도 안 되는 얘기거든요. 격리된 생활을 하다가 나이 먹었다고 갑자기 같이 살아집니까?

우리는 경험으로 너무 잘 알고 있습니다. 청주에 '보나의집'이라는 발달 장애인 시설이 있는데, 거기 있던 분들을 수녀원에서 운영하는 일반 양로원에 데려다 생활하게 했는데, 완전 물과 기름이었어요. 할머니들도 속상해하고, 우리 친구들도 속상해하고.

그래서 우리 친구들이 여생을 편하게 보낼 방법이 뭘까 궁리하게 된 것입니다. 아버지한테 물려받은 땅이 아직 조금 남았으니까 내가 땅을 내놓고, 모금을 하자, 이런 생각을 하게 된 것이지요. 정부에선 장애인 양로원은 안 된다고 하지만 우리는 "하나님의 명령이다, 우리가 해야 되겠다."라면서 버티고 있습니다.

장애인 양로원이 만들어지면 요람에서 무덤까지 발달 장애인을 책임지는 하나의 사회적 시스템이 최초로 생기는 겁니다. 그 일의 효시가 되는 것도 좋잖아요? 성공회가 작은 교단이지만 발달 장애인을 위한 '요람에서 무덤까지 시스템'을 한번 만들어 보려고 합니다. 얘기는 작년에 처음 나왔고, 올해부터 본격 추진하고 있지요. 홍보물도 만드는 등 열심히 움직이고 있습니다. 저는 여기 앉아 있기만 하고, 일은 거의 우리 원장님(이대성 신부)이 다 하고 있어요. 하하.

버려진 사람 하나를 구원하는 게 하나님의 뜻이라고 하지 않습니까? 우리도 버려진 사람 하나를 데려다가 제대로 된 노후를 맞이하게 하자는 것이지요. 비장애인이 예순 살부터 노인이라면, 발달 장애인은 마흔 살부터 노인이에요. 그만큼 장애인한테는 노쇠 현상이 일찍 옵니다. 우리마을에 와서 편안하게 여생을 보낼 수 있다면 얼마나 좋아요? 세상이 한 가정으로부터 시작하는데, 한 가정이 골병들고 우울하고 눈물이 나면, 그 사회는 빵점이거든요. 다 같이 즐거워야지요.

최순실 국정 농단 사건 이후로 모금이나 기부가 부쩍 줄었다고 하던데요? 최순실이 박근혜 대통령 백으로 기업들 등쳐서 모금한 사실이 알려지면서요. 어렵지 않습니까?

어렵다마다요. 최순실 사건도 있고, 대형 교회에서 모금을 해서 사기를 쳤다는 등 좋지 않은 뉴스가 나오고. 게다가 경제도 안 좋아져서 모금이 정말 쉽지가 않네요. 우리 친구들도 노동자예요. 그러니까 일을 하고, 은퇴하면 쉴 수 있게 해 주면 참 좋을 텐데……. 요양원이 꼭 만들어지도록 서울시평생교육진흥원에서도 많이 도와주세요.

거듭된 실패 끝에 도달한
절박한 문제

구순에 이른 성직자의 입에서 얘기가 끊임없이 이어졌다. 말 한마디 한마디에 간절함과 진실성이 그대로 묻어났다.

콩나물을 기른다고 들었습니다.

그렇습니다. 여기서 콩나물 공장을 하거든요. 풀무원이 우리를 도
와주는 고마운 기업이에요. 4~5년 전에 협정을 맺어 우리 콩나물을
풀무원에서 다 사 가요. 원래 우리 기계가 수동이었는데, 풀무원 사장
님이 보더니 "기계를 자동으로 바꾸시지요." 하더라고. 돈이 없어 못
한다고 했더니 "얼마나 듭니까?" 물어서 2억5천만 원 정도 든다고 했
더니 "우리가 의논을 좀 해 보겠습니다." 하더니, "1억은 우리가 기부

김성수

를 하겠습니다. 나머지 1억5천은 콩나물 팔리는 대로 얼마씩 갚으세요."라고 해요. 얼마나 고맙던지.

풀무원이 또 하나 고마운 건, 우리 신부님들이 가을이 되면 전라도, 제주도로 콩을 사러 갑니다. 그게 보기 딱했던지 그 풀무원 사장님이 "우리가 콩을 구해 줄 테니 그걸 길러서 콩나물로 크면 우리에게 줘요. 그걸 팔아서 남는 이익을 드리겠습니다." 해요. 이렇게 좋은 일이 있나요? 천사지요, 천사. 그런 고마운 분들 덕분에 이렇게 먹고삽니다. 하하.

콩나물을 재배하기 전에는 뭘 하셨습니까?

여러 가지 했지요. 18년 전에는 상추 수경 재배도 하고, 버섯도 하고, 고추, 토마토도 기르고, 자잘한 거 안 해 본 게 없어요. 그런데 상추를 기르면 곱게 따야 상품이 되는데, 장애인들은 훈련을 시켜도 따는 게 잘 안돼요. 닭도 한번 길렀는데, 어느 날 가 보니까 병아리가 왔다 갔다 해요. 우리 친구들이 보이는 달걀을 가져오는 건 잘하는데, 닭이 품고 있는 알은 가져오지 못한 거지요. 장애인들이 하나를 가르치면 하나는 잘하는데, 둘, 셋은 좀 느려요. 응용력이 부족한 겁니다. 손이 많이 갈수록 좋은 상품이 나오는데, 우리 친구들한테는 그게 한계가 있지요. 하지만 중복 교육을 하면 끈기 있게 잘해요. 일반인들은 싫증을 잘 내는데, 그게 없거든요.

실패도 있었고, 시행착오도 많았군요?

예. 그렇게 실패를 거듭하다 콩나물을 하게 된 거예요. 지금 콩나물 공장에 20여 명이 근무하는데, 그중 5~6명은 한 달 월급 120만 원을 가져갑니다. 부모들이 잘 모아 두면 그 퇴직금으로 우리가 앞으로 세울 양로원에 가면 돼요. 이렇게 우리는 양로원을 위한 준비가 잘되어 가고 있는데, 나라에서 조금만 도와주면 얼마나 좋습니까? 관공서에 가면 공무원들이 "왜 오셨어요?"가 아니라 "뭘 도와드릴까요?" 해야지요. 바쁘고 힘들겠지만 말부터 좀 바뀌면 좋겠어요. 이런 거 보면 우리 세상이 모두가 함께 변해야지, 어느 한구석만 변해서는 될 일이 아닌 것 같다는 생각이 들어요.

말씀을 듣고 보니까 상당히 절박한 문제네요?

그렇습니다. 장애인을 위한 양로원, 이거 내일이면 늦습니다. 오늘 당장 양로원을 위해 법을 만들고, 있는 법을 개정해야 합니다. 발달장애인들이 어릴 적에 교육받듯이, 우리 공장에서 안심하고 일을 하듯이, 나이 들어 쉴 수 있는 곳이 있어야 해요.

내가 우리마을을 만든 것도 이래요. 성베드로학교 졸업식 때 애들한테 졸업장을 주는데, 애네가 호명해도 안 나오는 거야. 졸업장을 받으면 내일부턴 학교에 나올 수가 없으니까. 그걸 애들이 아는 거지. 그 딱한 사정을 우리도 보고, 부모도 봤지요. 그래서 이 마을을 만들게 된 거예요.

장애인 담당 공무원이나 국회 보건복지위원회 소속 의원들이 우리 시설 같은 곳에 와서 하루쯤 숙박하면서 실체험을 해 보면 좋겠어요.

김성수

실체험을 해야 피부로 느껴서 제대로 알지, 책상에 앉아 기안만 써서는 모르거든요. 이게 실제로 되는 일인지 아닌지, 되려면 사람은 얼마나 필요하고 돈은 얼마나 드는지……. 두 쪽이 손뼉 소리가 나도록 맞아 나가면 정말 좋겠어요.

근년에도 우리 대통령이 복지 이야기를 하면서 장애인과 함께 나아가자고 말씀하셨는데, 그 말 안에 노인 장애인 얘기는 한마디도 없어요. 장애인을 위한 교육도 잘해 왔고, 복지 시설도 많이 만들어 놨는데, 이 사람들도 이제 육칠십 살이 됐단 말이에요. 이 사람들이 갈 곳이 필요해진 것입니다. 이러니 요양원을 만들면 장애인 부모들이 얼마나 좋아하겠어요? 그런데 현재 일반 독거노인 문제도 풀지 못하고 있다. 그러니 이거 먼저 해결해야 한다는 논리입니다. 그렇다면 발달 장애인들은 대한민국 국민이 아닌가요? 이 사람들 마음이 아프면 세상이 다 아픈 겁니다. 그래서 교회나 부처님이나 종교가 좋은 거 같아요. 소외된 사람들에게 손 뻗어서 도우니까.

하나님은 쓸모없는 사람을 세상에 내놓지 않아

우리마을에는 몇 분이나 있습니까?

시몬의집, 요셉의집, 요한의집, 마리아주간보호센터, 이 네 군데를 합쳐서 '우리마을'이라고 이릅니다. 제 세례명을 딴 시몬의집에는 직업 재활 학교와 기숙사가 있고, 여기서 5~6분 가면 있는 요셉의집엔 고아와 부모, 장애인이 함께 사는 그룹홈이 있어요. 요한의집은 거주 시설이고, 마리아주간보호센터는 중증 장애인을 낮 동안 돌봐 주는 시설입니다. 네 군데 전체에 모두 90여 명이 살고 있지요. 그중 20여 명이 콩나물 공장에서 일을 하고, 29명이 전기 부품 조립을 합니다.

장애인에게 일감만큼 소중한 게 없습니다. 전기 부품 하나를 조립 하면 7원을 받아요. 정말 적은 돈이라도 꾸준히 할 일이 있다는 게 얼 마나 소중한지 모릅니다. 그걸로 "나는 밥벌이를 하고 산다." 하는 신 념을 갖게 되는 것이지요. 오른손이 마비된 사람이 있는데, 왼손으로 정확하게 조립을 잘해요. 상자에 담을 때는 10개씩 잡아서 담는데, 한 손에 잡으면 딱 10개고, 어디가 잘못 조립됐는지 바로 알아요. 콩나 물도 한 손에 딱 잡으면 300g으로 숙달된 사람이 많지요. 거의 기계 같은 숙련도입니다. 이 사람들처럼 정확한 사람들이 없어요. 이렇게 정확하고 훌륭한 친구들을 왜 낭비합니까? 일할 사람이 없다고 하면 서 왜 이 사람들은 일거리에서도 빼놓느냐는 겁니다. GNP 3만 불 시 대다 뭐다 하는데, 이 사람들도 같이 일하면 GNP가 3만 불 5전, 10 전이 되잖아요?

하나님은 결코 쓸모없는 사람을 세상에 내놓지 않습니다. 아무것 도 못 하는 사람도 버릴 게 없고 쓸모없는 게 없다, 세상엔 우리가 받 아들여야 하는 것으로 가득하다, 이런 얘기를, 이런 일을 하다 보면 안 할 수가 없어요.

김성수

저희가 하는 일이 평생학습이어서 이 질문을 드리지 않을 수 없는데요, 장애인들에게도 학습이나 공부가 필요하지요?

물론이지요. 방법이 다를 뿐이지 이 친구들에게도 학습이나 공부는 선택이 아니라 필수입니다.

40년 전 성베드로학교 시절, 아이들을 데리고 짜장면 먹으러 가요. 다 먹고 내가 돈 내러 가면 주인이 "신부님이 오셔서 고맙지만, 다음에는 오지 마세요." 이럽니다. 아이들이 엉망진창으로 먹어 대니까. 근데 요즘은 자주 다니고, 습관도 아니까 이 친구들이 아주 점잖아요. "조용히 먹읍시다." 하면 조용히 잘 먹어요. 그러니까 역시 교육이 필요한 겁니다. 특히 단순 작업에 대한 중복 교육은 효과가 커요. 싫증 안 내고 끈기 있게 잘하지요.

일이 끝난 뒤에 체계적인 학습이나 교육을 따로 시키나요?

예전에는 일을 끝내고 나면 할 일이 없었는데, 원장이 오고 난 뒤 이러면 안 되겠다 하면서 바꿨어요. 오전에 일을 끝내고 나면 오후에 여기 선생님들과 함께 소풍도 가고 산책도 하고 영화도 보고 북도 두드려요. 아무래도 이 사람들이 장애인이다 보니 글을 읽거나 강사의 강의를 듣는 교육엔 좀 약해요. 그 대신 여가 시간을 보낼 소일거리를 만들어 주려고 합니다.

그런데 그러려면 선생님들이 오셔야 되고, 예산 이야기를 하지 않을 수가 없게 되지요. 예산이 없으니까 서울의 전공 선생님들이 오지 않으려고 합니다. 참 안타깝지요. 24시간을 이 사람들을 가만히 있지 못하게 달달 볶는 그런 사회가 돼야 합니다. 그래야 이 사람들이 "아, 나도 사람 대접을 받고 사는구나." 하고 느낄 수 있게 되지요.

장애인이어서 더욱 학습과 공부가 필요한데, 현실 여건이 따라 주지 않는다는 말씀이군요?

그렇습니다. 마음은 굴뚝같은데……. 기숙사에는 간호사도 있어야 하고, 특수교육을 전공했거나 언어 치료를 하는 선생님이 있어야 하는데, 그런 선생님이 없어요. 예산이 모자라기 때문에. 여기는 선생님 1명이 장애인 8명을 돌봐요. 우리 원장 신부가 영국에 다녀왔는데, 거기는 아이들 8명을 선생님 20명이 돌본다고 해요. 선생님한테 쓰는 예산이 우리하고는 비교가 안 되는 것이지요.

그러니까 우리는 "저녁 먹으러 나가자." 하면 8명이 다 나가야 돼. 영국은 저녁 안 먹고 남겠다는 아이한테 선생님이 붙고, 저녁 대신 영화 보고 싶어 하는 아이한테도 선생님이 붙어요. 근데 우리는 단체 생활을 해야 되고, 통일을 해야 됩니다. 돌봐 줄 선생님이 없으니까. 이것도 얼마나 잘못된 겁니까?

돈은 잘 나눠 쓰면 고루고루 쓸 수 있어요. 나라에서 월급 액수를 올리니, 중소기업이 감당을 못 하고, 우리 같은 데는 더군다나 돈이 없어 선생님을 못 쓰고. 여기서도 얼마 전에 선생님이 퇴직을 했어요. 서울이라면 금방 충원이 될 텐데, 여기는 면담해서 오기로 해 놓고도 못 오겠다고 연락이 와요. 멀기도 하고 대우도 그러니까. 서울과 시골의 대우가 같아서는 안 되잖아요? 서울보다 월급을 더 높여 주면 올

거란 말이에요. 예를 들어 버스 타고 올 거, 돈을 더 주면 3명이 돈을 모아 차를 사서 몰고 출퇴근할 수 있을 거란 말이에요. 이런 얘기를 관에 하지만 듣지를 않아요. 마음이 있어야 되지, 마음이 없으니까 안되는 것이지요.

세상을 변화시키기 전에
내가 먼저 변해야 함을 깨닫다

들뜬 표정으로 무언가 한창 의욕적인 얘기를 펼치던 김 촌장의 얼굴이 우울한 빛으로 변한다. '현실의 벽'으로 화제가 돌아가자 말씨도 가늘어진다. 다시 화제를 돌렸다.

1987년 6월 민주 항쟁 때 독재 정권의 감시를 뚫고 '6·10 국민 대회'가 열린 곳이 촌장님이 주교로 계셨던 덕수궁 옆 성공회 대성당이었습니다. 이날 국민 대회는 우리나라 민주화 운동에 큰 분수령이 되었고, 대회가 열리고 국민 선언이 선포된 성공회 대성당은 일약 '민주화의 성지'로 우뚝 서게 됐습니다. 국민 대회의 성공회 대성당 유치는 미리 계획했던 일인가요? 주교님은 알고 계셨지요? (웃음)

6·10 국민 대회를 성공회 대성당에서 한다는 정보가 사전에 새 나갔어요. 그래서 6월 초부터 경찰이 대성당을 봉쇄했지. 그랬더니 약삭빠른 신부님 한 사람이 5월 중순쯤 박형규 목사 등 재야인사 여러 분

을 미리 모시고 대성당 안에 들어왔어요. 대성당이 봉쇄되고 나서부터는 대성당 뒤편에 있는 수녀원 쪽 담을 넘어 들어오기도 했고요. 신부님이 미리 이런 분들을 성당 안에 모셔다 놓고는 "주교님, 고백할 게 있습니다." 그래요. 그러더니 "국민 대회를 해야겠어서 주교님한테 허락도 안 받고 제가 데려왔습니다." 이러는 거예요. 그걸 어떻게 내쫓아요? 그래 내가 "잘했어요. 그냥 합시다." 이렇게 이루어진 것이지요.

박형규 목사가 6월 10일 12시에 성당 꼭대기에 올라가 성명서를 낭독했습니다. 모여 있던 재야인사분들하고 미사도 같이 보고. 생각해 보면 그때도 나는 주교니까 거기 있었던 거고, 떠밀려서 한 거지, 내가 뭘 한 게 아니에요. 다른 신부님이나 교수님이나 재야인사분들에 비하면 한 게 없는데, 자꾸 내 이름을 내는 거야. 그래서 여러 차례 "내 이름 내지 마세요." 그랬는데도 자꾸 내니까 속상해요.

성공회는 1534년 로마 가톨릭에서 떨어져 나간 영국 국교회에서 시작됐다. 헨리 8세의 이혼과 재혼에 대한 견해차로 독립했으니, 로마 가톨릭 신부들은 평생 결혼하지 않지만 성공회에선 결혼이 가능하다. 김성수 주교도 결혼해 자녀를 둘 두고 있다.

성공회는 성서를 최고의 권위로 삼고, 전통과 이성을 존중하며, 배타성보다는 다양성 속의 일치를 추구한다. 세계적으로 1억 명의 신자가 있고, 한국에는 150여 개의 교회, 5만여 명의 신자가 있다.

김성수

한국에서 성공회는 교세가 상대적으로 아주 작습니다.

얼마 안 되지요. 어떤 양반이 성공회 신자가 몇 명이냐 물어서 "5~6만 명이다." 했더니 "신부님, 3년 전에도 5~6만 명이라면서요?" 해요. 하하.

여의도순복음교회 같은 데는 한 교회 신자 수가 그보다 많은데요? (웃음)

여의도순복음교회는 크지요. 그렇게 하시는 목사님은 정말 훌륭해요. 훌륭하다고 안 할 수가 없어. 욕심 같아서는 그렇게 훌륭한 걸 장애인을 위해 힘을 써 주시면 얼마나 좋을까, 그러면 나라가 얼마나 좋게 변할까 생각하지만요.

대한성공회가 125년 됐어요. 그런데 이제 설립한 지 50~60년밖에 안 되는 교회도 신도 수가 5~6만 명이 넘지요. 그런데 그런 교회한테 하고 싶은 말이 있어요. "하나님한테 십일조 바치는 것도 중요하고, 봉사하는 것도 중요하다. 하지만 그만큼 정의와 평화와 나눔이 소중하다는 것도 잊지 말면 좋겠다." 뭐 이런 말입니다. 하나님을 섬기는 건, 하나님이 우리를 위해서 봉사하고 희생했듯이, 나도 세상 사람을 위해 봉사하고 희생과 나눔으로 세상을 살아 나가는 것이 아닐까요? 그렇게 살면 아주 아름답고 깨끗한 나라가 될 것이고, 천당이 하늘에 있는 것이 아니라 땅에 있는 것이 되지 않을까 생각해요.

지난해, 민세상을 받은 뒤에 하신 인터뷰를 보니까 인터뷰 말미에 촌장님께서 기자에게 이 말을 꼭 넣어 달라면서 하신 말씀이 인상적이더군요.

"내가 젊었을 때는 세상을 변화시킬 수 있다는 꿈을 가졌다. 늙고 나서 보니 나는 나 자신을 먼저 변화시켜야 했다는 것을 깨달았다." 저한테도 아주 조용한 울림을 주는 말씀이었습니다.

영국 캔터베리대성당 지하실에는 왕족, 귀족의 무덤이 있어요. 거기 묘비명 중에 이런 구절이 있습니다.

"주교가 되면 나는 세상을 바꿀 수 있을 줄 알았다. 내가 죽을 때가 되어 생각하니 내가 먼저 변하지 않고 남이 먼저 변하길 바란 게 큰 잘못이었다. 내가 먼저 변해야 했다."

저도 그런 비슷한 생각을 하고 있던 터라 꼭 써 달라고 했지요.

이 묘비명 말처럼 교회가 먼저 변해야 합니다. 잘하는 데도 있지만 아닌 데도 많아요. 대형 교회가 몇 년 갈까요? 영국 대형 교회가 교인이 없어서 도서관도 되고 그런 걸 보면, 크게 하는 것도 좋지만, 조그맣고 아름답게, 나누고 봉사하는 교회가 많이 생기면 그게 교인들이 바라는 천당이 아닌가, 생각하지요.

1시간이 넘는 인터뷰가 끝났다. 김 촌장은 기다렸다는 듯 우리마을 견학을 재촉한다. 그러지 않아도 울긋불긋한 단풍과 낙엽에 조용히 덮여 가는 이 작지만 아담한 마을을 둘러보고 싶었던 터였다.

시몬의집은 조병수 건축가가 설계했다. 정원과 놀이터를 중심으로 원형으로 빙 돌아가는 구조인데, 1층에는 남녀 각각 4개의 방이 있고, 각 방에서 2명씩 생활한다. 방과 방 사이에는 화장실과 욕실이 있다. 기숙사를 지었을 때가 20년 전. 인덕션이 대중화되기 전에 장애인의 안전을 위해 인덕션을 설치했을 정도로 세심하게 배려했다.

직업 학교에서 기숙사는 의무 사항이 아니다. 하지만 성베드로학교 졸업생들이 기거할 곳이 필요해 기숙사를 지었다. 기숙사한 달 이용료는 50만 원. 연간 2천만 원의 적자가 나지만, 콩나물 사업 수익금과 300여 후원 회원들의 성금으로 충당한다.

2층으로 올라가니 복도 천장의 서까래를 한옥식으로 고풍스럽게 펼쳐 놓은 게 눈에 띈다. 이곳에 전기 부품 조립 작업장이 있다. 발달 장애인 29명이 오전 9시 40분부터 일을 시작해 하루 2시간씩 두꺼비집에 들어갈 부품을 조립한다. 탁자 4개에 7~8명이 둘러앉아 라디오를 틀어 놓고 작업을 한다. 이들이 작업하는 양은 한 달에 300~500개이고, 액수로는 2만~3만 원이다. 수익을 내지는 못하지만 장애인들에게는 꾸준히 일을 맡겨 주는 게 큰 의미가 있다. 여기서 일하는 사람들은 한 달 34만 원의 급여를 타간다. 콩나물 사업에서 나는 수익으로 이들의 급여를 충당한다.

시몬의집을 나와 콩나물 작업장으로 가는 길의 돌담이 아름답다. 이 건물을 짓느라 땅을 고를 때 나왔던 돌을 버리는 대신 담장으로 활용했다고 한다.

콩나물 사업장에는 자동 기계 한 대와 수동식 포장대가 있다. 직원들은 6시간 근로자와 4시간 근로자로 나뉜다. 처음에는 12~15명으로 시작해 수익이 날 때마다 1명씩 더 고용해 지금은

22명이 함께 일하고 있다. 이곳에서 만든 콩나물(풀무원 옛 맛 유기농 콩나물)을 한 봉지 받아 왔는데, 다듬을 것도 없이 깨끗하고 맛있었다.

시몬의집 1층 작은 예배당에서 장애인 요양원의 필요성을 알리는 홍보 동영상을 봤다. 벤치가 4줄 놓여 있는 예배당은 한 번에 많아야 30명쯤이 예배를 볼 수 있을 것 같은, 작지만 아름답고 성스러운 공간이다. 이전에는 미사를 여기서 봤지만 지금은 인원이 많아져 식당에서 본다고 한다.

시몬의집을 견학한 뒤 일행은 차로 5~6분 정도 떨어진 요한의집으로 갔다. 요한의집 옆에는 마리아주간보호센터와 요셉의집(그룹홈)이 있다.

요한의집은 발달 장애인 거주 시설이다. 일반 장애인 거주 시설 앞에 크게 '○○의 집'이라는 현판이 붙어 있곤 하는데, 요한의집에는 큰 현판이 없다. 일반 집에 큰 현판이 없는 것과 마찬가지로, 이곳이 집이라고 생각하기 때문이다. 이곳에 30명이 함께 살며, 우리마을 작업장에서 일하는 분들(6명)은 출퇴근을 하고, 중증 장애인들은 낮에 마리아주간보호센터에 있다가 온다.

햇볕이 잘 들어오는 중앙 강당을 비롯해 1층에는 헬스실, 원장실, 직원실, 식당 등이 있고, 2층에 여성들이, 3층에 남성들이 살고 있다. 한 방에 2명씩, 4개의 방이 한 집으로 구성되어 모두 30명이 살고 있다. 한 집에는 선생님이 3명 배정되어 있다.

요한의집 이정우 사무국장은 이렇게 말한다. "여기에서도 장애

김성수

인을 위한 평생교육 프로그램을 짜는데, 강사 섭외가 힘듭니다. 비장애인을 가르치던 분들은, 장애인들이 1년을 가르쳐도 나아지지 않으니까 그 부분을 참 힘들어하시더라고요. 성과가 없어도 같이 한다는 것만으로도 뜻깊은 일일 터인데요……."

인터뷰와 견학을 모두 마치고 돌아가는 길. 차창 밖 들녘에, 대낮 햇빛에 반사된 누런 가을이 평화롭고 풍요롭게 내려앉아 있었다. 일행 가운데 누군가가 혼잣말처럼 "회개합니다."라고 속삭였다. 그러자 너도 나도 나지막한 소리로 한목소리를 낸다.

"회개합니다."

강화대교를 건너며 가슴속에 문득 작은 깨달음, 소각(小覺)이 일었다.

"저런 일을 하시는 분들이 있어, 이 세상은 살 만한 것이구나."

함께 일하고
행복을
나누는
우리마을.

주교김성수 함

2015. 11. 24.

김성수

우리마을 사무실 입구

어머니의 품처럼 둥글게 지은 우리마을과 그 안마당

시몬의집 기숙사 입구. 장애인들의 여가를 위한 당구대가 놓여 있다.

'집'이기에 간판을 걸지 않은 요한의집

김성수

공부, 끝없이 진실에
다가가는 일

강만길

강만길 ● 역사학자, 고려대학교 명예교수

1933년 경상남도 마산에서 태어났다. 고려대학교에서 한국사를 전공하고, 국사편찬위원회에서 일했다. 1967년 고려대 사학과 교수로 임용됐으나, 광주 민주화 운동 직후 항의집회 성명서 작성, 학생 선동 자금 수수 혐의 등으로 구금되어 1980년 교수직을 박탈당했다. 4년 만인 1984년 복직해 1999년 정년 퇴임했다.

2000년 남북 정상 회담 때 김대중 전 대통령 수행원으로 방북했으며, 2001년 상지대학교 총장에, 2003년 친일반민족행위진상규명위원회 위원장에 취임했다. 김대중 정권부터 노무현 정권까지 약 10년간 통일고문을 역임하기도 했다.

1972년 유신 후 독재 정권 비판문을 쓰면서 저항적 지식인으로 이름을 알리기 시작한 이래 지금까지 한국 근·현대사에 대한 폭넓은 연구와 저술 활동을 이어 오고 있다. 2000년에 계간지 『내일을 여는 역사』를 창간해 역사 대중화에 앞장섰고, 2007년에는 ㈜내일을 여는역사재단을 설립해 젊은 한국 근·현대사 전공자들의 연구를 지원하고 있다.

원로 역사학자 강만길 고려대 명예교수는 '전문 독자와 시민 독자를 동시에 거느린 우리나라 최고의 지식인'이라는 평가(연세대 김호기 교수)를 받고 있다. 역사책이라면 어렵고 딱딱하다는 선입견을 무너뜨린 『고쳐 쓴 한국 현대사』는 52쇄를 찍은 베스트셀러. 2018년 말 창비에서 나온 『강만길 저작집』은 무려 18권이다.

강 교수는 요즘 많이 쓰이는 '분단시대'라는 용어를 한국사 시대 구분에 처음 적용한 인물이다. 이 용어로 그는 해방 후 우리가 살고 있는 현대사를 역사의 한 토막으로 객관화하면서, 분단은 영속적인 상태가 아니라 언젠가는 극복되고야 말 '역사 속의 한 시대'에 불과하다는 사실을 깨우쳐 주었다.

그는 고려대 사학과에서 정년 퇴임한 뒤 상지대 총장과 친일반민족행위진상규명위원회 위원장을 지내다 10여 년 전부터 동해 바다가 눈앞에 내려다보이는 강원도 양양의 한 아파트에서

강만길

혼자 살고 있다. 지난해에 이어 남북 관계의 극적인 전환이 기대되고 있는 2019년을 맞아 『분단시대의 역사 인식』의 주인공인 강만길 교수에게 분단 극복의 지혜와 평생 공부의 자세를 묻기 위해 양양을 찾았다.

인터뷰 팀이 바다와 인접한 강 교수의 아파트를 찾은 건 2019년 1월 24일 오전 11시쯤이었다. 오랜만의 겨울철다운 추운 날씨였지만, 며칠째 전국에 걸쳐 기승을 부리던 미세 먼지가 말끔히 사라진 바닷가의 공기는 달게 느껴졌다. 인터뷰는 하조대 근처에서 유일하게 문을 연 한 카페에서 진행되었다. 인터뷰가 끝난 뒤 강 교수와 함께 오찬을 위해 낙산사 근처 식당에 간 일행은 때마침 강연을 위해 이곳을 찾은 현대사 전공의 서중석 성균관대 명예교수를 우연히 만나 함께 점심을 먹었다. 이런 우연 덕에 인터뷰 팀은 우리나라 최고의 근·현대사 전공 원로 학자 두 분을 동시에 모시고 근·현대사의 뒷얘기를 듣는 호사를 누릴 수 있었다.

"책을 읽느라
적적할 틈이 없지요"

이곳 양양 바닷가에 터를 잡게 된 특별한 곡절이 있는지요?

내 고향이 마산이에요. 마루에 서면 바다가 보이는 곳이었지요. 정년 퇴임하면 마산으로 내려가 살겠다고 결심했는데, 가 보니까 바다가 다 죽었어. 마산이 박정희 시대에 수출 자유 지역으로 지정되는 바람에 바다의 절반이 메워진 거예요. 남은 바다도 공장 오폐수로 다 죽었더라고.

거기는 도저히 안 되겠다 싶었는데, 상지대 총장 할 때 학생들 데리고 이곳 양양을 지나다가 아파트 지어 놓은 걸 우연히 봤어요. 직원을 시켜 바다가 보이는지 한번 가 보라 했고, 바다가 보인다기에 대뜸 20평짜리 아파트를 마련한 겁니다. 지금은 고속도로가 뚫리고 교통이 좋아져 2시간이면 서울에 닿습니다.

그래도 교통 때문에 움직일 때 불편하지 않으십니까?

양양, 속초 시내에서는 내가 운전해서 다니고, 서울 오갈 때는 버스를 타요. 여기서는 운전 못 하면 살기 힘들어. 왜? 대중교통이 거의 없으니까. 노인네들이 서울에 모여 사는 이유가 있어요. 지방에 내려가고 싶어도 운전 못 하면 못 내려가요. 대중교통이 거의 없으니까.

혼자 사시면 적적하실 텐데요. (웃음)

전혀요. 적적할 틈이 없으니까요. (웃음) 내가 남북역사교류위원회 위원장 할 때 북한에 책을 8천여 권 기증했는데, 그러고도 남은 책은 여기 다 갖다 놨어요. 사 놓고 못 읽은 책이 얼마나 많아요? 요새 그거 읽는 재미를 붙여서…….

선생님은 소설도 많이 읽는 걸로 알려져 있습니다.

내 자랑 같지만 아마 소설책을 제일 많이 읽은 학자 가운데 하나가 아닐까 합니다. 내가 박경리 대하소설 『토지』를 읽고 쓴 글이 있어요. 소설이 표현한 시대와, 역사가가 표현한 시대를 구분해서 쓴 글인데, 소설이 표현한 시대가 재밌고, 쉽고, 훨씬 빨리 다가옵니다. 역사가가 표현한 시대는 딱딱하고 재미없잖아요? 그런 면에서 『토지』는 참으로 탁월한 소설입니다.

내가 박경리 여사와 1970년대 후반에 같이 만주에 간 적이 있어요. 중국과 우리나라가 국교를 트기 전이라 홍콩을 경유해서 갔지. 그때가 박경리 여사가 만주에 처음 간 때예요. 그때 들은 얘기인데, 소설 속에 그렇게 생생하게 묘사되어 있는 만주가 실은 작가의 상상력의 소산이라는 겁니다. 만주 연변 현장에 가서 어떻게 그렇게 생생하게 묘사했느냐고 물었더니 지도 보고 썼다고 합디다. 그래서 "그러면 소설 쓸 때 생각했던 간도와 실제로 와서 본 간도는 다릅니까? 어떻습니까?" 하고 물었어요. 그랬더니 "해란강이 생각보다 너무 좁네요." 하더라고요. (웃음) 소설가의 상상력이라는 게 굉장하지요?

선생님은 우리나라 최초로 역사서를 50쇄 이상 판매하신 분입니다. 창비에서 나온 『고쳐 쓴 한국 근대사』, 『고쳐 쓴 한국 현대사』 말이에요. 저도 그 책을 읽고 역사서가 이렇게 재밌을 수도 있구나 했습니다.

내가 학교에서 쫓겨났을 때 창비에서 생활비를 도와줬습니다. 그 보답으로 쓴 책이지요. (웃음) 창비에 도움이 돼서 큰 다행이었고요.

내가 학생들에게 주로 하는 말이 두 가지가 있습니다. "쉽게 써라, 재밌게 써라." 안 읽히면 소용없어요. 읽혀야지요. 괜히 어렵게 쓴다고 높은 학자가 되는 게 아닙니다. 역사를 소설처럼 쓰라고 말합니다. 소설을 많이 읽으면 글이 편안해져요. 우리 세대는 다행히도 일본 소설도, 우리 소설도 많이 읽을 수 있었습니다.

지금도 전에 사 놓았던 소설을 읽고 있는데, 지금 읽고 있는 게 야마자키 도요코의 『두 개의 조국』이라는 소설이에요. 미국에서 태어난 일본인 2세들이 태평양 전쟁 때 당하는 일들에 대한 이야기예요. 할아버지·아버지의 조국과 자신이 태어난 조국이 다르다는 이야기인데, 참 잘 썼어요. 그런 소설들을 읽고 글을 쓰면 자신도 모르게 글이 쉬워지지요.

해방과 함께 찾아온
우리 역사, 역사 공부

역사를 공부해야겠다는 생각은 언제 하셨습니까?

내가 대학 들어갈 때만 해도 역사학과는 별로 인기가 없었어요. 경제학과나 정치학과가 인기가 있었지. 돌이켜보면 나는 역사 공부를 하겠다고 생각한 지 꽤 오래된 것 같아요. 내가 소학교 6학년 때 해방이 됐습니다. 소학교 때까지는 우리글을 잘 못 읽었어요. 우리 역사는 전혀 안 배웠고, 단군도 몰랐고요. 해방이 되고 난 다음에 중학교에 입학했고 그때부터 우리 역사를 배우기 시작했습니다. 단군이며 고구려, 백제, 신라……. 이런 것들을 그때 처음 알게 됐지. 중학교 5학년 때, 요즘으로 치면 고등학교 2학년 때 6·25가 났어요. 전쟁통에 대학에 입학하면서 근대사를 하겠다는 생각을 그때부터 가진 게 아닌가 싶어요.

그때는 선생님들 가운데 의식 있는 분들이 많았어요. 일제 강점기에는 선생을 못 하다가 해방이 되고 난 다음에, 주로 한문만 하던 분들이 역사 선생이 된 경우도 많았고, 소학교 선생 하다 중학교 선생으로 간 분들도 있었고. 상당히 의욕적으로 가르쳤지요. 왜? 1년 전까지는 우리 역사를 못 가르쳤으니까. 해방돼서 우리 역사를 가르치게 되니까 그분들이 아주 의욕적으로 가르쳤고, 나도 거기에 상당히 많은 자극을 받았던 게 아닌가 싶어요.

그나마 지금 생각해 보면 내 자신이 다른 걸 할 수 있었을 것 같지도 않아. 뭐 내가 장사를 하겠어, 뭘 하겠어? 결국 공부하는 건데, 시를 쓰거나 소설을 쓰는 자질은 없는 것 같고, 천상 역사 공부가 제일 쉬웠지, 나한테는. (웃음)

당대 최고의 한문학자이자 금석학자였던 청명 임창순 선생을 기리는 청명문화재단 이사장을 오래 하고 계십니다. 청명 선생과의 인연이 궁금합니다.

내가 대학생 때 그분이 고려대 강사로 나오셨어요. 한문을 잘하셔서 서지학을 가르쳤는데, 그때 진흥왕비 풀이를 해 주셨지요. 그 강의를 듣고 대학 3학년 때 「진흥왕비의 수가신명 연구」라는 글을 하나 썼어요. 이게 활자화된 겁니다. 『사총』이라는 잡지의 창간호에 실린 거지요. 내가 학문의 길에 들어서는 하나의 출발점이 됐어요. 대학 3학년생이 신라 시대 이야기로 글을 썼는데, 그게 활자화됐으니까요. 칭찬도 많이 받았습니다. 어떤 면에서는 학문의 길에 들어서게 된 계기가 됐지요.

그러면서 임창순 선생님과 가까워졌고, 이후로도 그분이 만든 재단 일을 함께하게 됐습니다. 그분은 소학교 문 앞에도 안 가 봤지만 굉장한 분이지요. 사회주의에 대한 지식도 상당하고, 저항적인 지식인입니다.

'분단시대'라는 말을 처음 쓰셨는데, 이 말을 처음 쓰신 게 언제입니까?

'분단시대의 역사 인식'이라는 제목의 책이 창비에서 나온 게 1978년입니다. 그전에 계간 『창작과비평』에 글을 쓰면서 처음으로 이 용어를 썼어요. 천관우 선생의 책에 대한 서평이었는데, 우리가 사는 이 시대를 뭐라고 해야 하느냐는 고민을 했습니다. '해방 후 시대'? 그런데 '해방 후 시대'는 언제 끝날지 알 수 없으니, 이는 역사적 용어가 아니잖아요? 그래서 '분단시대'라고 하자, 그래야 통일 의지가 담기지 않느냐, 그렇게 된 겁니다.

근데 막상 그렇게 써 놓고 나니까 통일 문제에 관심을 가질 수밖에 없더라고요. 글만 그렇게 써 놓고 아무것도 하지 않으면 민망하잖아요? (웃음) 내가 그동안 남쪽에서 북한에 제일 많이 다녀온 사람 가운데 하나일 겁니다. 남북역사학회교류협의회를 만들어 남쪽 회장을 맡았지요. 북쪽은 허종호 씨가 하고.

역사학에서 바라보는
우리 근대와 평화 통일의 미래

선생님이 하신 말씀 중에 "우리가 문화 민족인데 근대 국가를 자력으로 경영해 본 역사가 반세기 겨우 넘는다. 일본만 해도 근대 국가 경영이 100년 넘는데…… 그래서 한계가 있다."라는 대목이 특히 기억에 남습니다.

우리는 일본의 명치유신이나 중국의 신해혁명 같은 것을 못 해 봤어요. 대신 남의 지배를 받는 쪽으로 가면서 근대화가 됐지요.

내가 늘 하는 말이 있어요. "이씨 왕조가 너무 오래갔다. 임진왜란이 끝났을 때 사실은 왕조가 바뀌었어야 했다." 그랬으면 실학자들이 새 왕조의 이데올로그가 됐을 겁니다. 새 왕조가 만들어지고 그때부터 근대를 향한 움직임이 시작되었을 거예요. 그렇게 됐으면 일제 강점기 전의 애국 계몽 운동이 공화정 운동이 됐을 거고, 자력적인 근대화가 시작됐을 겁니다. 그럼 식민지 통치를 안 받았을 거고요. 조선 왕조가 너무 오래갔습니다.

강만길   **229**

더구나 한반도가 지정학적으로 상당히 어려운 위치 아닙니까? 러일 전쟁 전에 그런 말이 있었지요. "러시아 세력 손에 한반도 전체가 들어가면 일본을 겨누는 칼이 될 거고, 일본의 세력권에 한반도 전체가 들어가면 대륙을 침략하는 다리가 될 거다." 그랬어요. 실제로 다리가 되었지요.

그다음 남북으로 분단이 됐습니다. 분단이 되니까 대륙 국가들과 해양 국가들이 안전해졌어요. 칼과 다리가 반으로 부러졌으니까. 근데 거기 사는 우리는 죽을 맛이지요. 이 사실이 중요해요. 남북이 다 알아야 합니다. 어떻게 하건 4강에게 위해가 되지 않는 통일을 해야 합니다. 그래서 중립화론이 나오지 않았습니까? 국외 중립화가 제대로 되려면 우리의 국제 지식이 대단히 깊어야 합니다. 그런데 이조 500년 동안 지독한 쇄국주의 속에 있었던 탓에 중립화 통일을 할 수 없었지요. 일부 정치가들에 의해 몇 번의 시도는 있었지만…….

자, 그러면 앞으로는 어떻게 할 것인가, 내가 늘 주장하는 게 있습니다. 세계사가 많이 변하고 있어요. 냉전 시대가 끝나고 지역 공동체 시대가 되어 가고 있습니다. EU, 아세안, 심지어 아프리카와 남미에까지 지역 공동체가 말해지고 있어요. 우리도 동아시아 공동체, 즉 일본과 중국과 한반도와 지금의 아세안을 합쳐 하나의 동아시아 공동체를 이루어 가면서 우리의 통일 문제도 해결되어 가야 한다는 겁니다. 왜냐, 통일이 되어도 어느 쪽에도 위해가 되지 말아야 하니까.

동아시아 공동체가 EU처럼 하나의 공동체가 되지 않겠습니까? 특히 프랑스가 싫어서 독일의 통일이 힘들었는데, EU가 되면서 독일이 통일됐어요. 독일이 적이 아니고 동맹국이 됐으니까요. 우리도 동아시아 공동체를 만들면 그렇게 될 수 있다는 겁니다. 이건 역사학 쪽에서 반드시 해 줘야 되는 얘기인데, 우리는 외교학에서도, 정치학에서도, 역사학에서도 그 논리를 제대로 발전시키지 못하고 있어 안타깝기 그지없습니다.

북미 회담이 조만간 열릴 것 같고, 북한 김정은 위원장의 답방도 성사될 가능성이 큽니다. '분단시대 역사학'의 주창자로서 2019년 남북 관계 전망을 듣고 싶습니다.

트럼프 미국 대통령이 진심으로 하는 건지, 노벨 평화상 때문에 하는 건지는 잘 모르겠는데, 정치인이 사기를 칠 순 없잖아요? (웃음) 그들도 역시 동아시아에서 평화가 정착되길 원하고 있다고 생각합니다. 그러면 동아시아에서의 미군 주둔이 어쩌니 하는 문제가 나오게 되는데, 그건 더 두고 볼 일이고, 어쨌든 동아시아가 평화 공동체가 되어야 한다는 데는 미국도 평화주의 국가라면 당연히 찬성을 해 줘야지요. 도와주어야 되겠죠.

올해가 3·1 운동, 그리고 임시 정부 수립 100주년입니다. 1919년 임시 정부 수립으로 대한민국이 시작되었다는 시각이 지배적이지만 일각에선 1948년 8월 15일이 건국일이라고 주장하기도 합니다.

임시 정부 수립으로 대한민국이 시작됐다는 건 재론의 여지가 없는 사실이지요. 우리가 왕조 시대와 대척점에 있는 공화주의를 처음 경험한 게 3·1 운동 이후 임시 정부에서였습니다. 그전까지는 공화주의가 무엇인지 알지도 못했고요. 3·1 운동은 하나의 민중 운동이고 역사를 앞으로 진행시켰습니다만, 임시 정부가 일종의 가(假)정부이긴 해도 우리 역사에서 구체적으로 공화주의가 처음으로 나타난 건 그 대한민국 임시 정부부터입니다. 물론 임시 정부가 국민들을 직접 다스리지는 못했지요. 그때는 상황이 그랬으니까. 그러나 우리의 정치사상은 그 뒤로 공화주의로 갔잖아요?

왕조를 죽 이어 오다가 고종 때 대한제국을 만들었는데, 그때 일본처럼 입헌 군주제를 했다면, 즉 의회제로 갔다면 공화정이라 할 수 있겠지만 그러지 못했습니다. 『독립신문』 등 몇몇 선구자들은 의회 이야기를 하기도 했지요. 그러나 고종이 몰랐는지, 알고도 안 했는지는 모르지만 어쨌든 공화정을 안 했습니다. 그러니 대한제국도 전제 왕조였던 셈이지요.

현실을 밝혀 주는, 진실을 밝히는 진짜 공부

올해 86세이십니다. 그런데도 아주 건강하십니다. 직접 운전도 하시고요. 특별한 비결이 있나요?

매일 하조대 바닷가를 만 보 걷습니다. 내 걸음으로 6km, 시간은 1시간 반 걸리지요. 아침에 밥 먹기 전에 다녀옵니다. 공기도 좋고 아주 좋아요. 또 일주일에 한 번씩 가까운 데 있는 척산 온천에서 두어 시간 냉온탕 찜질을 합니다. 온천에 갔다가 속초 시내에 가서 일주일 먹을 걸 장 봐 와요. 요즘은 다 먹게끔 해 놔서 참 쉽습니다. 세상이 워낙 좋아져서 노인네 혼자 살기에 불편한 게 전혀 없어요. (웃음)

그래도 혼자 사시면 적적하실 텐데요.

아뇨. 적적한 거 없어요. 읽을 게 얼마나 많은데요. (웃음) 공부하는 사람의 장점이 그런 겁니다. 딴 사람들은 심심해하잖아요? 우리는 심심할 겨를이 없지요. 읽을 책이 있으니까. (웃음)

가끔 제자들이 놀러 오는데, 이젠 제자들도 다 정년이 넘어 퇴임했습니다. (웃음)

집필 활동은 안 하십니까?

가끔 청탁이 오면 집필합니다. 요새는 컴퓨터로 하니까 얼마나 편해요? 나는 컴퓨터를 일찍 배웠는데, 역사 공부를 하면서 앞을 내다보는 힘이 생긴 덕이지요. 역사 공부가 과거를 보는 것 같지만 천만에 말씀입니다. 아마 내 나이대 사람들 중에서 내가 컴퓨터 글쓰기를 제일 먼저 한 사람 중 하나일 겁니다. 옛날에는 원고지에 써서 출판사 사람이 와서 가져가고 가져오고, 야단이 나잖아요? 요즘은 컴퓨터로 써서 이메일로 보내 주고, 얼마나 편리합니까. 내가 제자들보고 "이런 편리한 세상에 글을 못 쓰면 그건 바보다."라고 얘기합니다. 수정도 쉽고, 교정도 메일로 보내 주고……. 그런데도 글을 못 쓰는 건 말이 안 되지요.

역사학자로서 제일 아쉽고, 또 보람된 대목을 각각 꼽으라면 어떤 게 있을까요?

글쎄요……. 책도 쓸 만치 썼고, 제자들도 기를 만치 길렀고. 생각

234

해 보면 내가 하고 싶은데 못 했다 한 건 없는 것 같은데요? (웃음) 그도 그럴 것이 내가 욕심이 적었으니까. 내가 장관 하고 싶은 것도 아니고 정치하고 싶은 것도 아니고, 그저 학문하겠다 했고, 학문해서 할 만큼 했다고 생각해요. 아쉬운 건 별로 없습니다.

저희가 하고 있는 게 평생교육이니까 이런 질문을 안 드릴 수 없습니다. 평생 학문을 한 분으로, 공부하는 자세가 있다면 말씀해 주시지요.

하하, 어렵다. 학문이라는 게 근본적으로는 진실에 가까워지는 일입니다. 그것 말고 다른 게 있을 수 없어요. 특히 역사학은 진실을 밝히는 학문입니다. 내 글이, 내 학문이 진실을 밝히는 데 가까워져야 합니다. 왜냐하면 역사라는 건 이렇게도 볼 수 있고, 저렇게도 볼 수 있습니다. 그런데 이 속에서 얼마만큼 진실된 역사적 사실을 찾아낼 것인가, 그걸 모아 놓은 게 가장 중요한 역사책이 된단 말이에요. 소설은 재밌어야 되겠지만, 역사는 진실에 가까워야 된다, 그런 말이지요.

근데 이게 말처럼 쉬운 일이 아닙니다. 그렇게 하려면 역사적 상상력이 상당히 발달해야 합니다. 역사적 상상력을 높이는 방법은 독서를 많이 하는 것밖에 달리 없어요. 책을 많이 읽어야 합니다.

요즘 젊은 학자들에게 이르고 싶은 말씀 한마디 부탁드립니다.

너무 시류에 따라 가는 건 곤란해요. 물론 현실과 떨어져서는 안 되지만요. 현실에 따라붙어야 되지만, 너무 시류에 따라 가면 현실에 아부하는 학문이 될 가능성이 높단 말이에요. 그러면 진실되지 못한 학문이 됩니다. 현실을 정확하게 알아야 되는데, 현실을 얼마만큼 밝혀 내느냐, 추구할 거냐가 중요하지, 현실에 따라 가는, 나쁘게 말하면 아부하는 건 결단코 안 되지요. 근데 그런 글들이 더러 나옵니다. 이런 글을 읽어 보면 이건 뭣 때문에 썼구나 하는 걸 알게 된다고요. 학문은 무조건 진실을 추구해야 합니다.

　　오전 11시 조금 넘어 시작된 인터뷰가 정오를 훌쩍 넘겨 12시 30분쯤 끝났다. 노학자는 모든 질문에 막힘없이 답변을 이어 갔고, 대답들은 명징한 기억력으로 뒷받침됐다. 인터뷰 뒤 점심을 먹으러 낙산사 근처 식당으로 가는 차 안에서 말했다.

　　"아흔이 가까우신데, 육체적 건강도 그렇지만 정신적 건강도 대단하십니다."

　　그랬더니 돌아오는 대답.

　　"몇 년 전에 어디 가서 강연을 하는데, 다산 정약용 이름이 갑자기 생각이 안 나는 거예요. (웃음) 한동안 아득해지면서 청중들한테 되물었어요. '그 사람 있잖아요? 귀양 갔다가 책도 많이 쓰고 한, 그 실학의 대표적 학자 있잖아요?' 정말 미치겠더라고요. 내가 건강해 봬도 이렇습니다." (웃음)

나보고 한 마디 하라 하면
역시 평화통일은
말할수 밖에 없해야.

강 만길

공부 열전
― 인생 고수들이 들려주는 지혜의 말들

초판 1쇄 발행 2019년 5월 10일

기획   서울시평생교육진흥원
엮은이 김영철
펴낸이 강일우
책임편집 서대영 최도연
조판   이주니
펴낸곳 (주)창비교육
등록   2014년 6월 20일 제2014-000183호
주소   04004 서울특별시 마포구 월드컵로12길 7
전화   1833-7247
팩스   영업 070-4838-4938 | 편집 02-6949-0953
홈페이지 www.changbiedu.com
전자우편 textbook@changbi.com

ⓒ 서울시평생교육진흥원 2019
ISBN 979-11-89228-43-9 03370